Lieutenant THIBAULT

NOTIONS

D'ARTILLERIE LOURDE

A L'USAGE DES

SOUS-OFFICIERS ET CANDIDATS SOUS-OFFICIERS

PARIS

Henri CHARLES-LAVAUZELLE
Éditeur militaire
124, Boulevard Saint-Germain, 124
(MÊME MAISON A LIMOGES)

1918

NOTIONS

D'ARTILLERIE LOURDE

A L'USAGE DES

SOUS-OFFICIERS ET CANDIDATS SOUS-OFFICIERS

Lieutenant THIBAULT

NOTIONS

D'ARTILLERIE LOURDE

A L'USAGE DES

SOUS-OFFICIERS ET CANDIDATS SOUS-OFFICIERS

2ᵉ ÉDITION

PARIS
Henri CHARLES-LAVAUZELLE
Éditeur militaire
124, Boulevard Saint-Germain, 124
(MÊME MAISON A LIMOGES)

1918

NOTIONS

D'ARTILLERIE LOURDE

A L'USAGE DES

SOUS-OFFICIERS ET CANDIDATS SOUS-OFFICIERS

CHAPITRE I.

Rappel de quelques notions géométriques.

Ligne droite.

Supposons qu'entre deux points A et B nous disposions un fil touchant ces deux points (*fig.* 1). Ce fil peut occuper une infinité de positions et sa longueur peut varier d'une façon quelconque. Mais, si nous le tendons, nous constatons que la longueur du fil entre

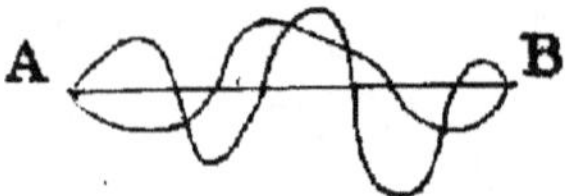

FIG. 1.

dons, nous constatons que la longueur du fil entre A et B devient minimum, c'est-à-dire qu'elle est plus petite que toutes les autres longueurs précédentes. Le fil est alors dit représenter une ligne droite qui se trouve être l'image de la plus courte distance d'un point à un autre.

Surface. — Plan.

On appelle surface le milieu qui sépare deux objets en contact parfait (air et objet quelconque).

On dit qu'une surface est plane, ou encore que c'est un plan lorsqu'une ligne droite qui y a deux points contenus y est contenue tout entière.

L'image d'un plan est donnée par la surface bien tranquille d'une eau calme sur une petite étendue.

Intersection de deux plans.

Lorsque deux plans se coupent, l'intersection est une ligne droite.

Dans ce qui suit, au début du cours tout au moins, nous supposerons que les figures que nous dessinons sont dans un même plan.

Ces figures portent le nom de figures planes.

Angle.

Supposons que deux lignes droites se coupent et soient prolongées indéfiniment. La surface du plan se trouve divisée en quatre parties; chacune de ces parties forme un angle, d'où la définition :

On appelle *angle* l'espace illimité compris entre deux lignes droites qui se coupent.

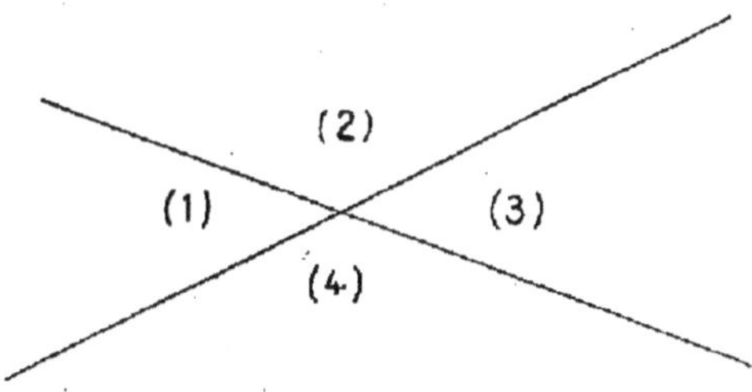

Fig. 2.

Deux lignes, en se coupant, forment quatre angles (*fig.* 2).

Angles égaux.

Considérons deux angles M A N et M' A' N' (*fig.* 3).

Supposons que nous transportons l'angle M' A' N' sur l'angle M A N , de telle façon que le côté M' A' soit placé sur le côté M A, le point A' en A et dans la mê-

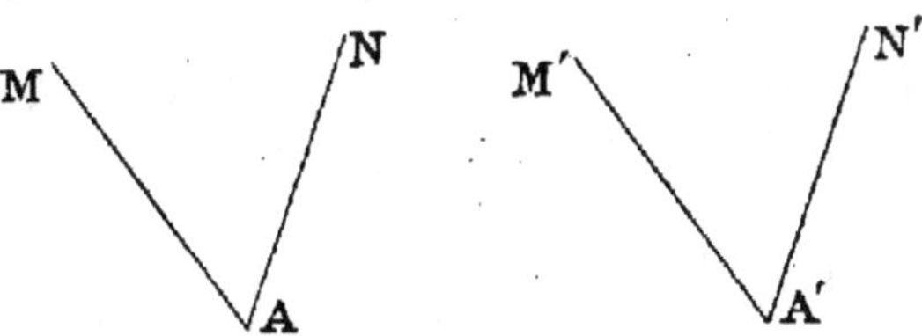

Fig. 3.

me disposition. En général, les deuxièmes côtés ne coïncideront pas. On dit alors que les angles sont inégaux. Quand ils coïncident, les angles sont dits égaux, d'où la définition :

Deux angles sont égaux lorsqu'ils sont superposables.

Angle aigu, angle obtus, angle droit.

Supposons deux lignes A B et C D se coupant en O (*fig.* 4). Nous avons vu qu'elles forment quatre angles

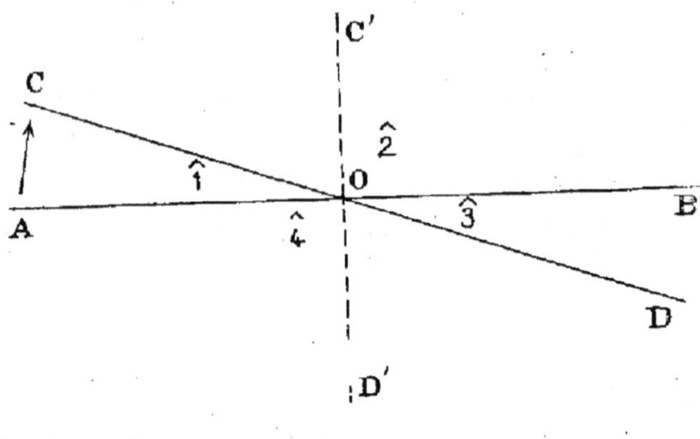

F.G. 4.

que nous appellerons 1, 2, 3, 4. Les angles 1 et 3 sont égaux. Ils sont dits opposés par le sommet; il en est de même des angles 2 et 4, qui sont égaux entre eux et opposés par le sommet. Ils diffèrent de 1 et de 3.

Supposons que la ligne C D tourne autour du point O dans le sens de la flèche. L'angle 1 est d'abord nul quand C D coïncide avec A B. A mesure que le mouvement s'opère, l'angle 1 devient de moins en moins pointu, l'angle 2 se ferme de plus en plus. Il arrive un moment où, pour une position C' D', les angles 1 et 2 sont égaux. A ce moment, chacun des angles est appelé angle droit.

Lorsque la ligne C D se trouve, pour la figure précédente, dans une position comprise dans l'angle A O C', l'angle 1 est dit aigu. Il est dit obtus si C D est compris entre O C' et O B.

On peut dire qu'un angle aigu est un angle moins ouvert que l'angle droit et que l'angle obtus est un angle plus ouvert.

REMARQUE. — Quand deux lignes droites se coupent et forment un angle droit, les quatre angles formés sont droits (*fig.* 5). Les angles 1 et 2 sont égaux d'après ce qui précède ; 1 et 4 sont égaux comme opposés par le sommet, de même 2 et 3. Donc, les quatre angles sont égaux entre eux et droits.

Lignes parallèles.

On dit que deux lignes sont parallèles lorsque, si

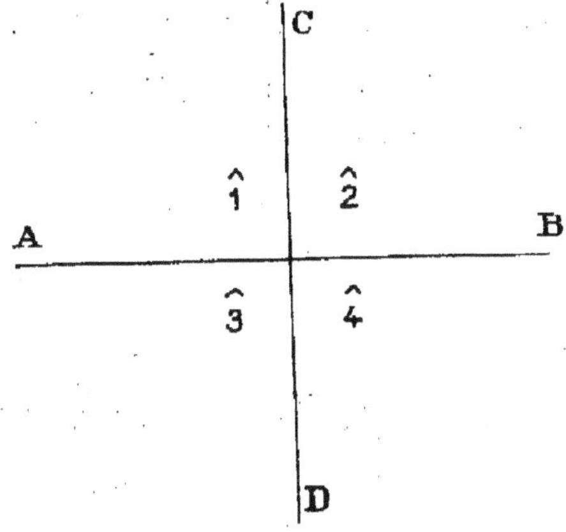

FIG. 5.

tuées dans un même plan, elles ne peuvent se rencontrer, si loin qu'on les prolonge.

Exemple : les rails d'une voie ferrée en ligne droite.

Sécante.

Soient deux lignes parallèles A B et C D et la ligne E F qui les coupe toutes deux aux points M et N (*fig.* 6).

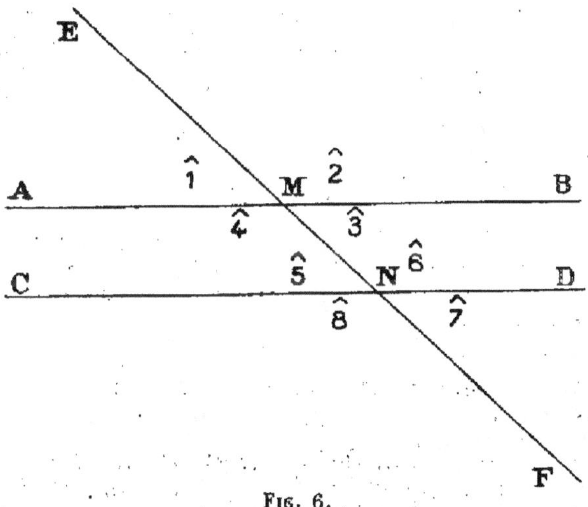

FIG. 6.

Ces trois lignes forment huit angles. Les angles 1, 3, 5, 7 sont égaux; les angles 2, 4, 6, 8 sont également les mêmes, mais différents des premiers.

Chacun des angles pairs, ajouté à un angle impair, donne un total de deux angles droits, d'où la remarque :

Lorsque deux angles adjacents (c'est-à-dire ayant un côté commun) ont leurs côtés extérieurs en ligne droite, ils valent entre eux deux angles droits. On dit qu'ils sont supplémentaires.

Droites perpendiculaires.

Deux lignes droites sont dites perpendiculaires lorsqu'elles occupent la position de A B et C D de la figure 5.

Quand deux angles adjacents ont leurs côtés extérieurs perpendiculaires, ils valent en tout un (ou trois) angles droits et sont dits complémentaires.

Remarque. — En artillerie, quand on trace un angle, on a l'habitude de limiter ses côtés au point A, dit

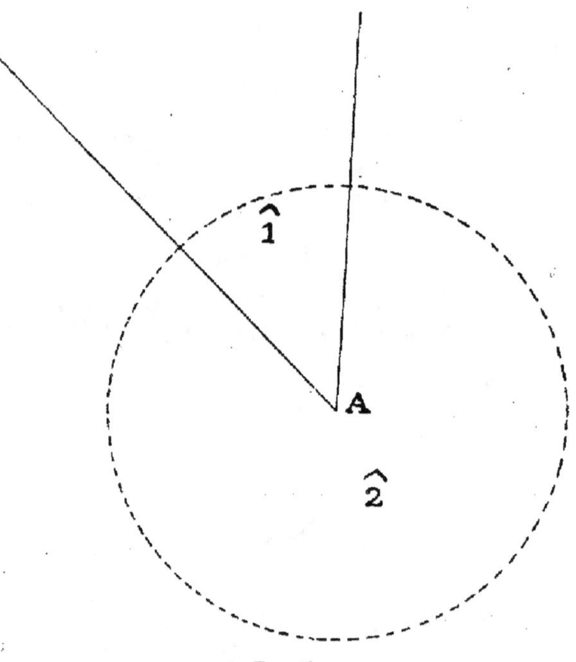

FIG. 7.

« sommet » (*fig.* 7). La figure ainsi formée constitue deux angles, 1 et 2, dont le total est de quatre angles droits. Autrement dit :

$$1 = 4 \text{ droits} - 2$$
$$2 = 4 \text{ droits} - 1$$

CHAPITRE II.

Unités d'angle employées en artillerie lourde.

Pour mesurer les angles, il n'est pas possible de se servir d'unités de surface, parce que, les angles étant illimités, on ne peut leur assigner une surface finie.

On a recours à l'artifice suivant :

On trace un angle droit et, avec une ouverture de

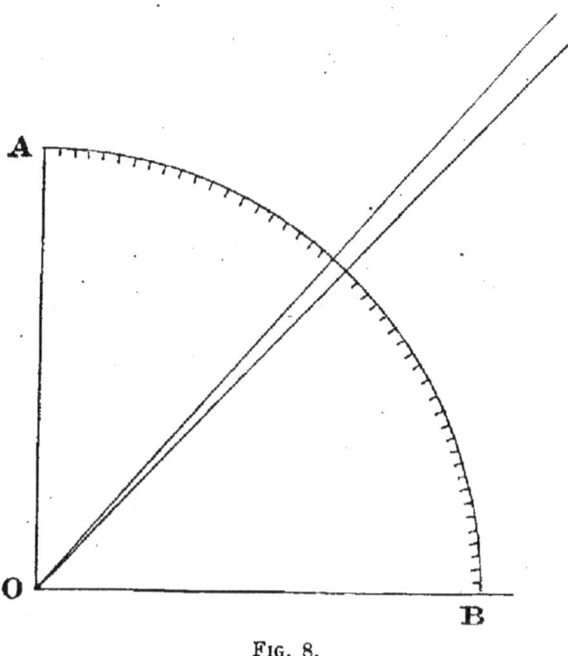

Fig. 8.

compas ordinaire, on trace un quart de circonférence ayant pour centre le sommet de l'angle (*fig.* 8).

On divise l'arc de cercle ainsi formé en un certain nombre de longueurs égales. Si on joint deux divisions voisines au centre, on a formé un petit angle qui porte le nom d'unité d'angle; l'ouverture de cet angle dépendant évidemment du nombre des divisions tracées.

Mesure d'un angle.

Pour mesurer un angle quelconque, A M B (*fig.* 9), on tracera une circonférence de rayon égal à la circonférence précédente, on comptera combien de divisions les côtés de l'angle interceptent. S'ils en interceptent 5, l'angle est dit valoir cinq unités d'angle.

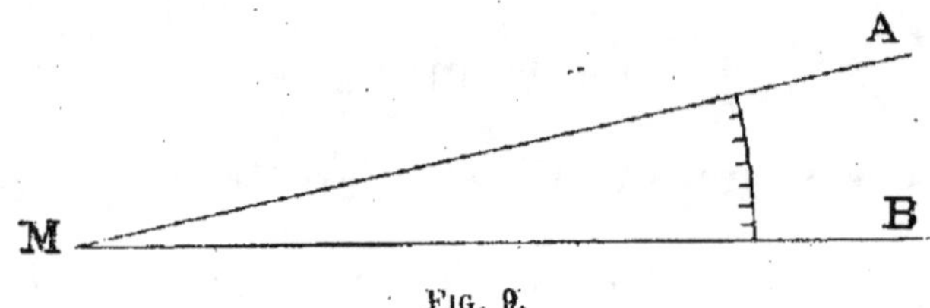

Fig. 9.

Cette façon d'opérer permet de comparer les angles entre eux, en les comparant chacun à l'unité. Si un angle intercepte 7 divisions, et un autre 28, le second est dit quatre fois plus grand que le premier.

Différentes unités employées en artillerie lourde.

1) *Degré*. — Si on divise le quart de la circonférence en 90 parties égales, on a le degré. Cette unité est la plus ancienne.

Inconvénients : trop grande et n'entrant pas dans le système décimal.

2) *Minute*. — On a imaginé une sous-unité, la minute, qui est la soixantième partie d'un degré. Dans un angle droit il y a donc 60×90 minutes $= 5.400$ minutes.

3) *Grade*. — Pour remédier aux inconvénients du degré, on a imaginé le grade, qui est la centième partie de l'angle droit.

Unité encore trop grande; dans la pratique, on se sert d'un sous-multiple (pièces de siège ancien modèle 155 C., 120 L., 155 L.) qui est le décigrade.

4) *Décigrade*. — C'est la dixième partie du grade. Dans un angle droit, il y a donc $10 \times 100 = 1.000$ décigrades.

Bien que le décigrade semble donner toute satisfaction, il est à peu près abandonné aujourd'hui dans les pièces nouvelles où on se sert des unités que nous allons énumérer ci-après :

5) *Millième de 75*. — Cette unité a été adoptée en même temps que le canon de 75, modèle 1897. C'est la seize centième partie de l'angle droit.

Les canons modernes ont leurs appareils de pointage gradués en millièmes de 75. Ex. : le 155 court, modèle 1915. La circonférence complète vaut $1.600 \times 4 = 6.400$ millièmes de 75.

6) *Millième de Rimailho*. — Dans le canon de 155 C. T. R., l'appareil de pointage est divisé en 1.500 parties à l'angle droit; ce genre de divisions a été employé dans le canon de 105 long, modèle 1913 Schneider.

Dans la circonférence il y a 1.500 × 4 = 6.000 millièmes de Rimailho.

7) *Vingtième*. — C'est la vingtième partie du degré; donc à l'angle droit il y a 90 × 20 = 1.800 vingtièmes. Cette unité a été employée dans le canon de 155 C. T. R., pour le pointage en hauteur de cette pièce.

En résumé, en artillerie lourde, on emploie sept unités différentes qui, classées par ordre de grandeur décroissante, donnent le tableau suivant :

UNITÉ.	NOMBRE A L'ANGLE DROIT.
Degré..	90
Grade...	100
Décigrade..	1.000
Millième de Rimailho.............................	1.500
Millième de 75......................................	1.600
Vingtième..	1.800
Minute..	5.400

Comme, dans une même batterie, on a quelquefois à sa disposition des appareils gradués en unités différentes, il est indispensable de savoir transformer les différentes unités les unes dans les autres.

Transformation des unités.

Il faut savoir opérer rapidement cette transformation :

Ex. : Transformer 120 millièmes de 75 en millièmes de Rimailho.

Il est évident qu'une simple règle de trois suffit. Le raisonnement se fera en ramenant tout à l'angle droit :

1.600 millièmes de 75 valent 1.500 millièmes de Rimailho;

1 millième de 75 vaut $\dfrac{1.500}{1.600}$ ou 1.600 fois moins;

Et 120 millièmes de 75 valent 120 fois plus, ou $\dfrac{120 \times 1.500}{1.600}$.

La façon pratique et rapide de faire cette transformation sera donnée par la règle suivante :

a) Recopier le nombre donné : 120;

b) Le multiplier par une fraction dont le numérateur est le nombre à l'angle droit de la nouvelle unité et le dénominateur, le nombre à l'angle droit de l'ancienne.

Application. — Transformer 12 décigrades en minutes.

$$12 \times \frac{5.400}{1.000} = 64',8$$

Il est commode, pour n'avoir pas à faire de calculs sur le terrain, de disposer d'une table où les transformations sont faites d'avance.

CHAPITRE III.

Pointage des pièces dans l'ancienne artillerie.

Jusqu'à l'invention du canon de 75, les pièces d'artillerie tiraient à la manière des fusils, c'est-à-dire que, comme dans les fusils, on prenait la ligne de mire.

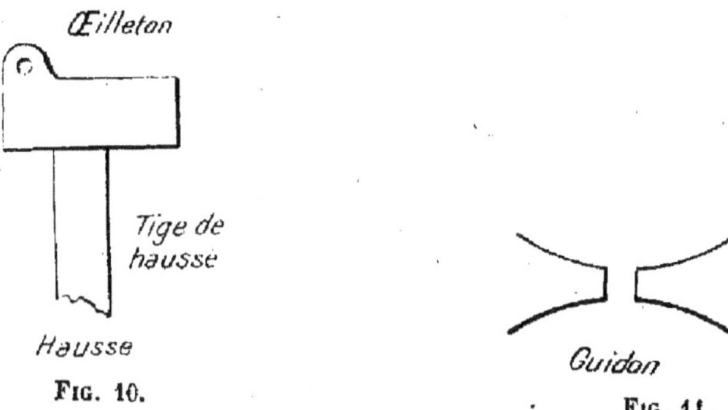

FIG. 10. FIG. 11.

Par conséquent, tout canon de l'ancienne artillerie comprenait : une hausse et un guidon.

La hausse, en général mobile et amovible, se plaçait à la partie arrière du tube (côté de la culasse). Le guidon se trouvait, non pas à la bouche de la pièce comme pour un fusil, mais aux environs des tourillons. Le guidon était en général constitué par deux pointes se faisant face.

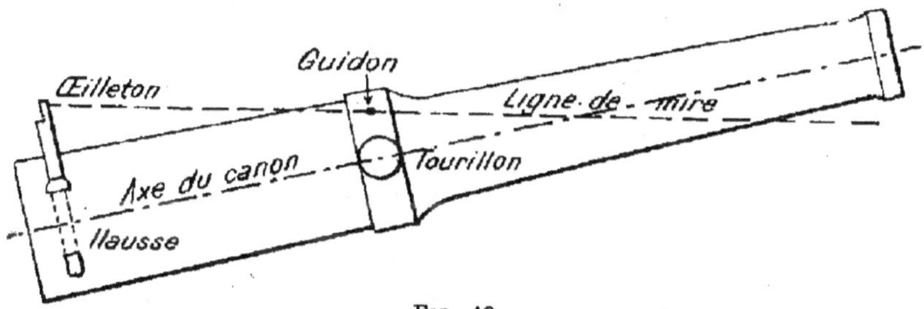

FIG. 12.

La hausse était constituée par une tige de cuivre portant des graduations, dont la plus intéressante est la graduation en distance. A la partie supérieure, une petite plaque portait un trou appelé œilleton. Le long de la tige pouvait se mouvoir un curseur se fixant à l'aide d'une vis. C'est ce curseur qui réglait la longueur de la hausse sortant du canal de hausse et qui permettait de faire prendre à celle-ci une longueur variable, suivant la distance, de la même façon qu'il est opéré pour la hausse des fusils.

Pour le tir au fusil, on sait que le poids de la balle a pour effet de faire tomber celle-ci à mesure qu'elle chemine dans l'air, projetée par l'inflammation de la poudre.

Le chemin parcouru, au lieu d'être une ligne droite, est une ligne courbe appelée *trajectoire*. On sait que,

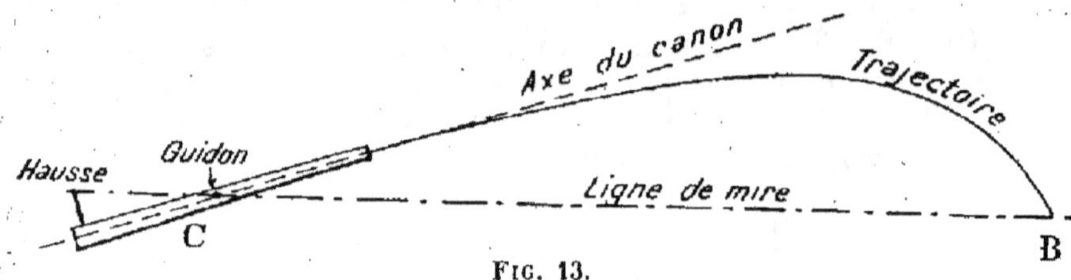

Fig. 13.

pour tirer plus ou moins loin, il faut donner au fusil une inclinaison plus ou moins grande par rapport à l'horizontale.

Soit C le canon, B le but. L'inclinaison à donner est réglée une fois pour toutes par une expérience. C'est l'angle formé par la ligne de mire C B et l'axe du canon C C' (nous supposons que le but est au même niveau que le canon).

Aussi, dans l'ancienne artillerie, on donnait la hausse au pointeur; celui-ci la marquait, prenait la ligne de mire comme avec un fusil. Quand le pointage était exécuté, le pointeur apercevait à travers l'œilleton ce qui est représenté ci-après (*fig.* 14).

Exécution du pointage.

Supposons un tireur d'infanterie en observation devant une zone qu'on lui a imposée; il se tient, l'arme couchée sur un bras, le canon du fusil dirigé vers un point quelconque de la zone.

Dès qu'un objectif apparaît, le premier mouvement du tireur est de se tourner vers la droite, ou vers la gauche, de façon que le canon du fusil soit à peu près dans la *direction du but*; puis il épaule, rectifie sa visée en direction, puis déplace son fusil en hauteur pour prendre définitivement la ligne de mire.

Pour assimiler ce mode de visée de l'infanterie à ce qui se faisait dans l'ancienne artillerie, nous dirons que le tireur d'infanterie fait d'abord une visée en direction, puis une visée en hauteur. C'est cet ensemble d'opérations qui est reproduit pour le pointage d'une pièce d'artillerie.

Examinons la façon d'opérer pour ces deux pointages :

A) *Pointage en direction*. — Le canon est amené en

batterie, et est tourné dans la direction de la zone où doit se révéler l'objectif.

Dès que celui-ci apparaît, un ou plusieurs servants se portent, sur l'ordre du chef de pièce, à la crosse du

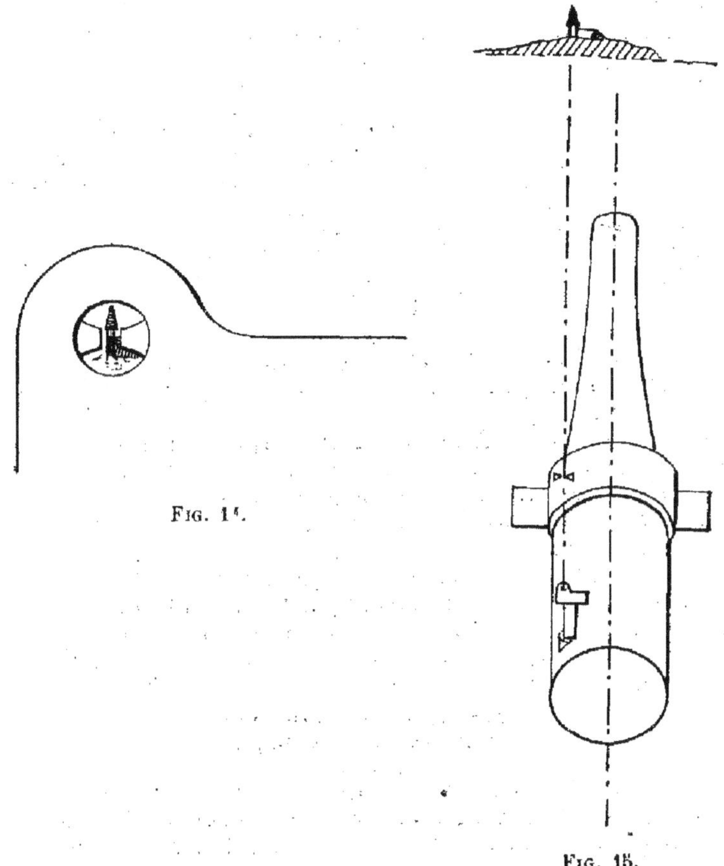

FIG. 14.

FIG. 15.

canon. Le pointeur met l'œil derrière la hausse et fait déplacer, sur ses indications, la crosse à droite ou à gauche, de façon à faire tourner la pièce à gauche ou à droite.

Ceci a lieu jusqu'au moment où il aperçoit le but, le guidon et l'œilleton sur la même verticale.

Le croquis ci-dessus (*fig.* 15) indique ce que voit le pointeur.

B) *Pointage en hauteur.* — En agissant sur la vis de pointage en hauteur, le pointeur fait basculer la pièce jusqu'au moment où, dans l'œilleton, il aperçoit le guidon et l'obus. Mais il arrive que le pointage en hauteur déplace légèrement le canon à droite ou à gauche, c'est-à-dire modifie le pointage en direction, en raison:

1° Du manque de netteté du premier pointage, qui est difficile à faire;

2° De la différence de niveau des roues du canon, qui oblige le tube à monter obliquement.

Il faut donc refaire un pointage en direction qui ne nécessitera pas de grands déplacements, et, enfin, on vérifie que le pointage en hauteur est toujours satisfaisant.

En résumé :

1° Pointer en direction (dégrossissement);
2° Pointer en hauteur (dégrossissement);
3° Pointer en direction (perfectionnement);
4° Pointer en hauteur (perfectionnement).

Inconvénients de ce mode de pointage.

Pour prendre une ligne de mire, il faut voir le but. Quelque bien que la pièce soit camouflée, cachée dans les broussailles, l'ennemi verra toujours la fumée, les lueurs la nuit, les mouvements du personnel, etc..., et, irrémédiablement, la batterie sera repérée et détruite en quelques minutes.

En résumé : on voit qu'il n'est plus possible à l'artillerie de faire du tir direct.

CHAPITRE IV.

Tir indirect de l'artillerie moderne.

Dans l'artillerie moderne, les pièces sont défilées, c'est-à-dire cachées aux vues terrestres de l'ennemi. De plus, elles doivent être cachées aux vues aériennes, de sorte que le pointeur ne peut prendre la ligne de mire.

Pour remédier à cet inconvénient, on a recours à l'artifice suivant : l'officier ou le sous-officier qui dirige le tir choisit, dans le paysage, un point naturel ou artificiel, que le pointeur pourra voir de sa pièce; ce point aura une position quelconque par rapport au but, c'est-à-dire qu'il pourra être plus près, plus loin que le but, à droite ou à gauche de celui-ci, ou même encore en arrière du canon.

Ce point porte le nom de point de pointage. Nous le désignerons généralement par la lettre P. Au moyen d'appareils spéciaux (lunette de batterie, théodolite), ou au moyen d'une carte bien exacte (on fait actuellement usage de plans directeurs à grande échelle et très exacts), on mesure la valeur de l'angle B C P.

Les canons modernes sont munis d'un appareil de pointage en direction. Théoriquement, cet appareil n'est autre qu'une lunette horizontale, qui peut tourner autour d'un axe vertical et faire le tour de l'horizon. Cette lunette porte un index ou trait gravé sur son support (axe). En dessous de la lunette se trouve un cercle gradué fixé au canon.

Tout d'abord, nous supposerons que ce cercle est immobile, c'est-à-dire qu'il est attaché au canon et que l'index tourne en même temps que la lunette.

Supposons que nous ayons trouvé que l'angle formé, sur la carte, par les lignes C B et C P vaille 450 décigrades : nous tournons la lunette sur son cadran de façon que sa direction fasse avec celle du canon 450 décigrades (on pourra se servir d'une graduation numérotée convenablement d'avance).

Le pointeur se place à la lunette et fait déplacer la crosse jusqu'au moment où, dans la lunette, il aperçoit le point de pointage. A ce moment, la pièce est automatiquement pointée en direction. En effet, l'angle B C P du terrain et l'angle canon-lunette sont égaux. Comme le côté C P coïncide avec la lunette, le côté C B coïncide avec le canon, c'est-à-dire que le canon est pointé en direction.

Le coup étant tiré, la pièce sera dépointée en direction en raison du recul. Pour la ramener à sa place, cest-à-dire dans la direction du but, il suffira de refaire le pointage à l'aide de la lunette, dont la graduation marquée restera la même.

Dans la pratique, la lunette et son cadran ne sont pas fixés au canon; ou bien c'est un appareil amovible (goniomètre de siège) que l'on ne met en place que pour faire le pointage, et que l'on retire pour tirer, ou bien c'est un appareil fixe ou semi-fixe qui est placé généralement à la gauche de la pièce (75, 155 C. T. R., 155 C. S., 105 L.).

Dans certains appareils de pointage, on fait usage de lunettes munies d'une croisée de fils appelée réticule (ex. : 105 L.); pour pointer, on fait passer le trait vertical par le point de pointage.

Dans d'autres appareils on fait usage de collimateurs, système optique opaque présentant une trace verticale blanche sur fond noir, ou système optique non opaque présentant une croix noire sur fond lumineux.

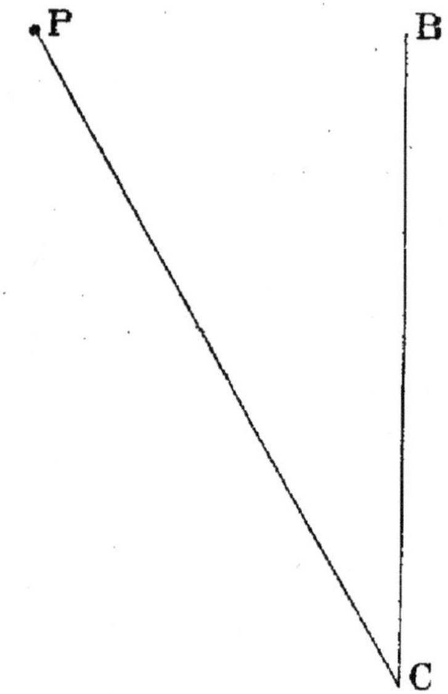

Fig. 16.

Ex.: collimateur du 75, du 155 C. T. R., du goniomètre de siège (opaque); collimateur du 155 S. (clair); certaines lunettes permettent de faire le tour complet de l'horizon sans que le pointeur ait à déplacer la tête (lunette panoramique et périscopique du 105 L.).

Pour que le pointage en direction soit bien fait, il faut :

1° Que l'angle B C P soit bien calculé par les gradés qui préparent le tir;

2º Que le nombre trouvé soit bien marqué sur l'appareil (importance du service de transmission dans une batterie);

3º Que la lunette soit bien dirigée sur le point de pointage.

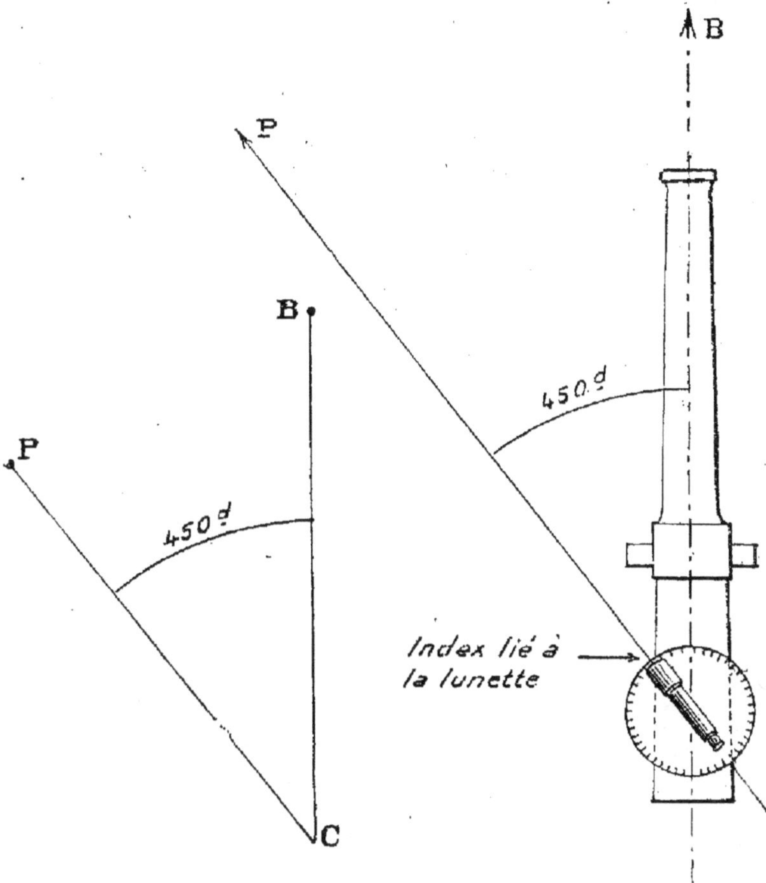

F:G. 17.

Ces deux dernières opérations sont confiées aux pointeurs, qui doivent être des servants instruits et consciencieux.

Formes différentes des appareils de pointage.

Dans l'appareil que nous avons examiné jusqu'ici nous avons supposé que l'index lié à la lunette était mobile, c'est-à-dire tournait avec la lunette et de la même quantité (goniomètre de siège) et que la graduation était fixe. Dans certains appareils de pointage, c'est le contraire que l'on observe: l'index est fixe et la graduation tourne avec la lunette dont elle est solidaire.

Ex. : 105 L., 155 C. T. R., 155 C. S.

Pour bien comprendre la différence qui résulte de ces deux modes d'organisation des appareils, nous allons comparer l'appareil de pointage à une montre.

Dans une montre, généralement, le cadran est fixe, et l'aiguille des heures est mobile. On peut assimiler ce cas à celui d'un appareil de pointage à cadran fixe et à index mobile (goniomètre, appareil de 75, etc.).

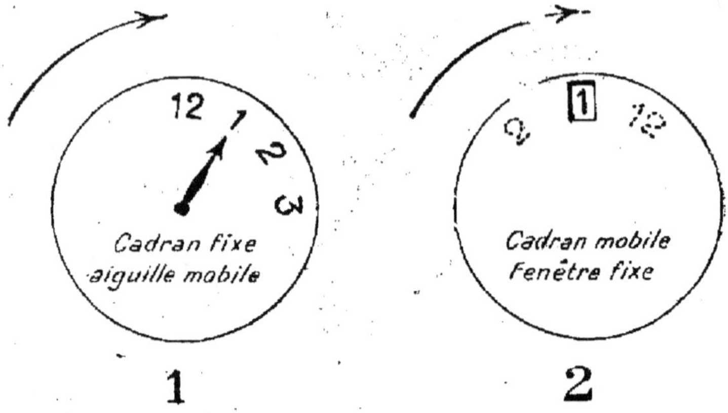

Fig. 18.

Dans d'autres montres, au contraire, l'index est formé d'une fenêtre derrière laquelle se meut une graduation mobile (analogie avec un compteur électrique).

Supposons que l'aiguille de la première montre tourne dans le même sens que le cadran de la deuxième; on voit que, pour que l'heure se présente normalement, il faut que le cadran mobile de la deuxième montre soit gradué en sens inverse du cadran fixe de la première.

L'application aux appareils de pointage de ces propriétés est que : si deux appareils de pointage sont, l'un à graduation fixe et à repère mobile, l'autre à graduation mobile et à repère fixe, pour qu'ils marquent le même nombre quand la lunette tourne de la même quantité, les deux graduations doivent être en sens inverse l'une de l'autre.

Prenons le cas d'un appareil de pointage à graduation fixe, et marquons, pour simplifier, simplement le cadran de l'appareil de pointage, la division O se trouvant dans la direction du but; supposons que la graduation soit graduée et numérotée dans le sens inverse de la marche des aiguilles d'une montre.

Nous avons trouvé que l'angle B C P du terrain vaut 420 décigrades, par exemple. La figure 19 montre qu'en plaçant l'index à 420, le pointage se fait correctement.

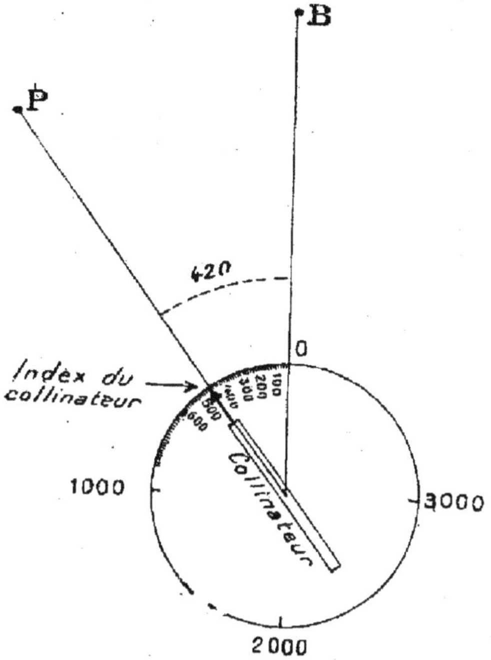

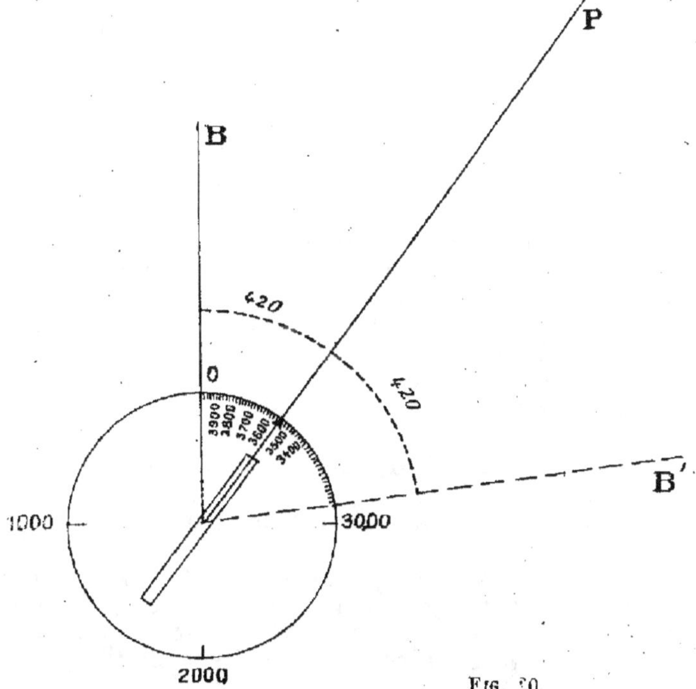

Fig. 19.

Au contraire, prenons le cas de la figure 20, où le point de pointage se trouve à droite, le plateau de l'appareil

Fig. 20.

de pointage étant toujours gradué dans le sens inverse de la marche des aiguilles d'une montre; l'angle B C P valant encore 420 décigrades, si nous faisons marquer 420 à l'index, le canon sera, en visant P, dirigé sur B' et le tir sera faux de $420 \times 2 = 840$ décigrades en direction. Pour que le pointage soit exact, il faut placer l'index de la lunette non pas à 420, mais à $4.000 - 420 = 3.580$ décigrades.

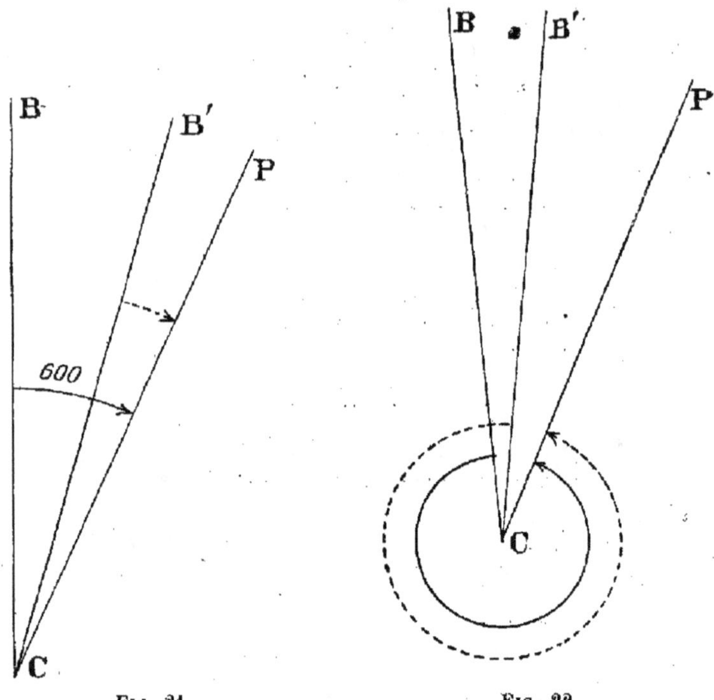

Fig. 21.   Fig. 22.

On lève la difficulté en comptant les angles dans le sens de la graduation fixe, c'est-à-dire que l'on part de la ligne canon-but et qu'on tourne dans le sens de la graduation fixe jusqu'au moment où on rencontre la ligne canon-point de pointage.

Dans la première figure on trouve 420, dans la deuxième 3.580.

Dérive.

Nous arrivons ainsi à la notion de ce que nous appellerons dérive.

On appelle dérive l'angle formé par la ligne canon-but et la ligne canon-point de pointage, comptée dans le sens de la graduation lorsque celle-ci est fixe, et dans le sens inverse, lorsque celle-ci est mobile.

Sens caractéristique.

Nous dirons qu'un appareil de pointage a le sens caractéristique :

a) *Direct*, lorsque, si la graduation est fixe, elle est graduée dans le sens des aiguilles d'une montre;

b) *Indirect*, lorsque, si la graduation est fixe, elle est graduée dans le sens inverse de la marche des aiguilles d'une montre.

D'après ce qui a été dit précédemment, pour reconnaître le sens caractéristique, il faut regarder l'appareil de pointage :

1° *Graduation fixe*.

a) Dans le sens des aiguilles d'une montre : sens caractéristique direct;

b) Dans le sens inverse de la marche des aiguilles d'une montre : sens caractéristique indirect.

2° *Graduation mobile*.

a) Dans le sens des aiguilles d'une montre : sens caractéristique indirect;

b) Dans le sens inverse de la marche des aiguilles d'une montre : sens caractéristique direct.

Ex. : a) Goniomètre de siège : graduation fixe dans le sens inverse, sens caractéristique indirect;

b) Canon de 105 L. : graduation mobile dans le sens direct, sens caractéristique indirect;

c) Canon de 75 : graduation fixe, dans le sens direct, sens caractéristique direct;

d) Canon de 155 C. S. : graduation mobile, dans le sens inverse, sens caractéristique direct.

Utilisation du sens caractéristique d'une pièce.

1er cas. — Le sens caractéristique est direct.

Quand une pièce a le sens caractéristique direct, pour porter le coup de canon plus à droite, il faut diminuer la dérive (direct, droite, diminuer).

Supposons un canon pointé sur un point de pointage P avec une dérive figurée en trait plein, par exemple 600 millièmes de 75 (*fig.* 21).

On tire le coup de canon et l'obus tombe en B. Nous

voulons qu'il tombe en B′ , plus à droite, la nouvelle dérive sera celle figurée en pointillé.

Donc, pour porter le coup à droite, il faut diminuer la dérive, si le sens caractéristique est direct.

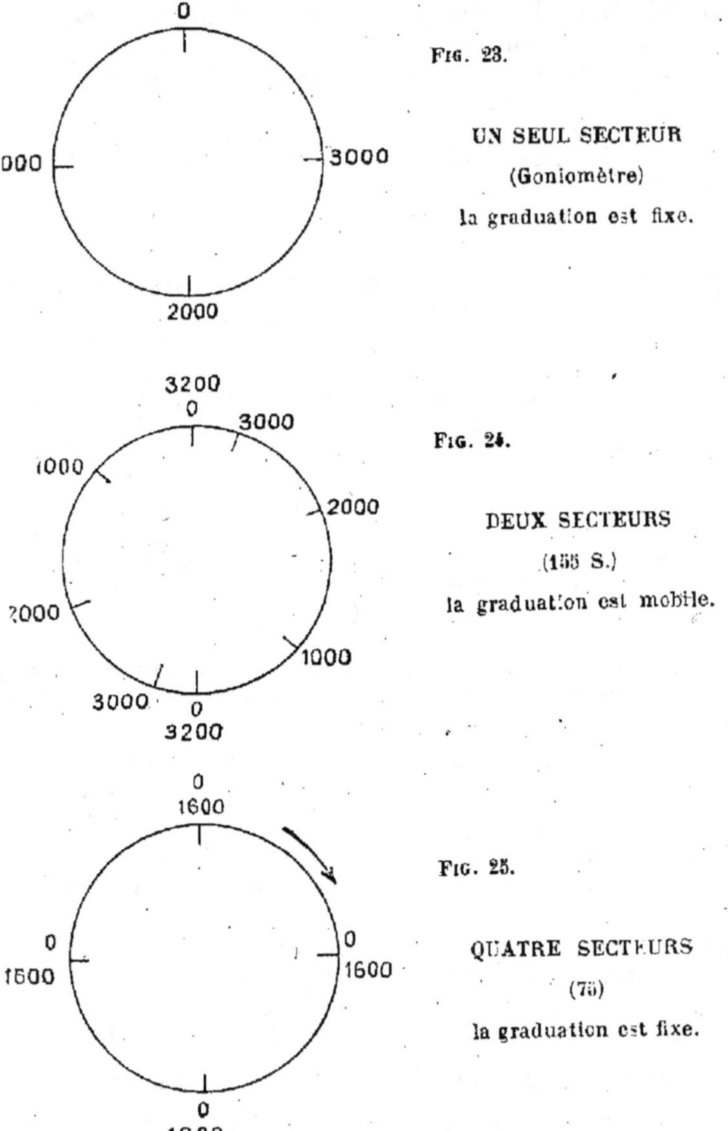

Fig. 23.

UN SEUL SECTEUR

(Goniomètre)

la graduation est fixe.

Fig. 24.

DEUX SECTEURS

(155 S.)

la graduation est mobile.

Fig. 25.

QUATRE SECTEURS

(75)

la graduation est fixe.

On démontrerait de même que, pour porter le coup à gauche, il faut augmenter la dérive quand le sens caractéristique est direct.

2e cas. — Le sens caractéristique est indirect.

Dans ce cas, pour porter le coup à droite, il faut augmenter la dérive.

En effet, la première dérive est figurée en trait plein, la deuxième en pointillé. On voit qu'elle est plus grande que la première (*fig.* 22).

Avec les notions que nous avons nous sommes déjà capables :

1° De mettre la pièce en direction, en supposant la dérive connue;

2° De faire mouvoir le coup vers la droite ou vers la gauche.

En artillerie, le commandement est : « Diminuer ou augmenter de tant. »

Dans ce qui précède, nous avons supposé que la graduation du plateau, qu'il soit mobile ou fixe, était continue, de 0 à 4 angles droits (ex. : goniomètre de siège).

Il n'en est pas toujours ainsi, et certains appareils de pointage sont gradués non pas en un seul secteur de quatre angles droits, mais en deux secteurs de deux angles droits, ou en quatre secteurs de un angle droit.

Dans le premier cas, un secteur seulement, un nombre ne se trouve marqué qu'une seule fois (ex. : goniomètre, 105 L.).

Dans le deuxième cas, deux secteurs, un nombre se trouve marqué deux fois (ex. : 155 C. S.).

Dans le troisième cas, quatre secteurs, un nombre se trouve marqué quatre fois (ex. : 75, modèle 1897).

Prenons le cas de deux secteurs, et supposons que la dérive trouvée soit 3.600. Le nombre 600 n'existe pas sur les cadrans, mais, s'il existait, il occuperait la place du nombre 400 dans le deuxième cadran. D'où la règle suivante :

RÈGLE. — Quand il y a deux secteurs, quand le nombre trouvé pour la dérive dépasse deux angles droits, *il faut en retrancher deux angles droits.*

Mais le pointeur ne sait pas à quel cadran il a affaire, et, suivant qu'il marque sa dérive dans un cadran ou dans l'autre, le canon est bien pointé ou pointé exactement à l'inverse.

Ceci n'a pas grande importance, car on sait toujours approximativement de quel côté est le but.

On démontrerait de même, dans le cas de quatre cadrans, qu'il faut retrancher de la dérive théorique autant de fois un angle droit qu'il est possible.

Ex. : canon de 75, modèle 1897, dans lequel l'appareil de pointage est divisé en quatre cadrans de 1.600 millièmes. La dérive 6.000 s'annoncera 6.000 — 3 × 1.600; 1.800 s'annoncera 1.800 — une fois 1.600. Dans ce cas, à un même point de pointage et à une dérive marquée correspondent quatre directions du canon, perpendiculaires l'une à l'autre ou en sens opposé.

Nombre marqué par l'appareil de pointage
quand la dérive théorique est zéro.

Dans ce qui précède nous avons supposé, en outre, que la graduation marquée par l'index, lorsque la lunette est dans la direction du canon, est le nombre zéro.

En d'autres termes, si on pointait sur le but lui-même, la dérive serait zéro; dans les canons modernes, le nombre marqué en pointant sur le but lui-même n'est pas toujours zéro. Il y a un certain décalage de la graduation réelle par rapport à la graduation théorique.

Dans le canon de 75, si on pointait sur le but, la dérive marquée devrait être 100 et non 0; dans le 105 L., 3.000 au lieu de 0; dans le 155 C. S., la dérive marquée est 1.000 au collimateur et 1.350 au miroir, au lieu de 0.

Donc, la dérive marquée est en avance des nombres indiqués respectivement ci-dessous, par rapport à la dérive théorique, de sorte qu'à la dérive théorique trouvée il faut ajouter :

100 pour le 75, 3.000 pour le 105, 1.000 ou 1.350 pour le 155 C. S.

Formule de la dérive marquée.

$D_M = D_T + N_B$ — autant de secteurs que possible.

Dans cette formule, on désigne par D_M la dérive marquée; par D_T, la dérive théorique; par N_B, le nombre marqué au but.

Ex. : canon de 75 :

$D_M = D_T + 100$ — 1.600 autant de fois que possible.

Canon de 105 long :

$D_M = D_T + 3.000$ — autant de fois 6.000 que possible.

Le tableau ci-après indique d'une façon complète les éléments d'organisation des appareils de pointage des différents canons.

Éléments d'organisation des appareils de pointage des différents canons.

CANONS.	UNITÉS EMPLOYÉES.	GRADUATIONS.	REPÈRES.	SENS de la GRADUATION.	SENS CARACTÉRISTIQUE.	SECTEURS.	N. B.	DÉRIVÉE.
Canon système de Bange à goniomètre (120 L., 155 L. et 155 C. mod. 1881, 155 C. mod. 1881-1912).	Décigrade.	Fixe.	Mobile.	Indirect.	I	1	0	$D_M = D_T$.
155 L. mod. 1913..........	Millième de Rimailho.	Mobile.	Fixe.	Direct.	I	1	3.000	$D_M = D_T + 3.000$ $(- 6.000)$.
155 S. modèle 1915........	Millième de 75.	Mobile.	Fixe.	Indirect.	D	2	1.000 au collimateur, 1.350 au miroir.	$D_M = D_T + 1.000$ ou $1.350 - n$ fois 3.200.
155 C. T. R. ou Saint-Chamond.	Millième de Rimailho.	Mobile.	Fixe.	Indirect.	D	2	0	$D_M = D_T - 3.000$.
75 modèle 1897............	Millième de 75.	Fixe.	Mobile.	Direct.	D	4	100	$D_M = D_T + 100 - n$ fois 1.600.

CHAPITRE V.

Repérage.

Si l'emploi du point de pointage présente le grand
avantage d'éviter la visée directe, il présente aussi
quelques inconvénients.

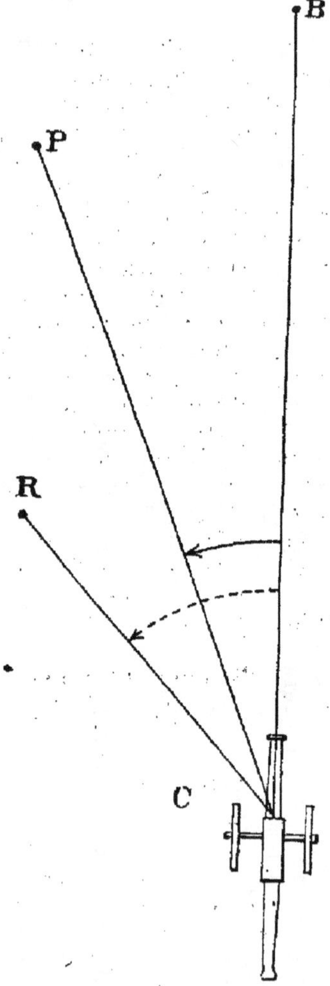

Fig. 26.

Le point de pointage, que l'on doit choisir aussi éloi-
gné que possible, disparaît généralement en raison de

causes diverses : brouillard, nuit, etc..., ou même en raison de sa démolition. Le tir s'en trouverait donc arrêté. D'autre part, si l'on prend comme point de pointage un appareil monté sur pied (théodolite, lunette de batterie), cet appareil ne peut rester indéfiniment en station, soit pour éviter son usure, soit qu'on en ait besoin ailleurs, soit qu'on craigne de le faire découvrir en raison d'un stationnement trop prolongé.

C'est pourquoi on substitue au point de pointage un deuxième point, choisi à la volonté du pointeur. Ce point, dit point de repérage, est généralement constitué par un piquet que le pointeur fait placer où il juge utile.

La théorie ci-après justifie cette façon de faire :

Supposons (*fig.* 26) qu'un canon soit pointé sur un but B, au moyen d'un point de pointage P, la dérive théorique étant marquée en trait plein; prenons un deuxième point R, matérialisé par exemple par un piquet planté à l'indication du pointeur. Si on avait fait la mise en direction de la pièce au moyen du point R, la dérive théorique eût été celle marquée en pointillé; mais la dérive théorique n'intéresse point le pointeur, seule la dérive marquée a de l'importance pour lui. Pour trouver cette dérive marquée par rapport au point R, il suffit, lorsque la pièce a été mise en direction au moyen du point P, de laisser cette pièce absolument immobile, et de tourner l'appareil de pointage jusqu'au moment où, dans la lunette, on voit le point R. A ce moment, il suffit de lire le nombre marqué par le repère pour connaître la dérive *marquée* du but par rapport au point R.

Si, dans la suite du tir, au lieu de pointer sur le point P avec la dérive de pointage, on pointe sur le point R avec la dérive de repérage, la pièce restera rigoureusement en direction.

Qualités du point de repérage.

Outre les qualités du point de pointage, il doit avoir celles :

1° De ne pas disparaître au cours du tir (on choisit un point bas);

2° D'être éclairable la nuit;

3° D'être à une distance aussi grande que possible de la pièce, pour éviter les erreurs de pointage. Cette distance ne devra jamais être inférieure à 50 mètres.

Dans un chapitre ultérieur nous verrons que, si cette condition d'éloignement n'est pas remplie, on peut avoir des écarts en direction atteignant 500 mètres et plus.

Le point de repérage s'éclaire, le soir, soit au moyen d'une lanterne voilée du côté opposé au canon et ne laissant passer qu'une fente de lumière, soit au moyen d'une lanterne électrique de repérage manœuvrée par le pointeur au moment où il pointe.

La différence entre le pointage et le repérage est exprimée dans ce qui suit :

I. — *Pointer*, c'est, étant donnée une dérive que l'on marque avec l'appareil de pointage, tourner tout l'ensemble (canon, affût, etc...) jusqu'au moment où le point de pointage passe par le trait vertical de l'appareil de pointage.

II. — *Repérer*, c'est, le canon ayant été préalablement mis en direction, ne plus bouger la pièce et tour-

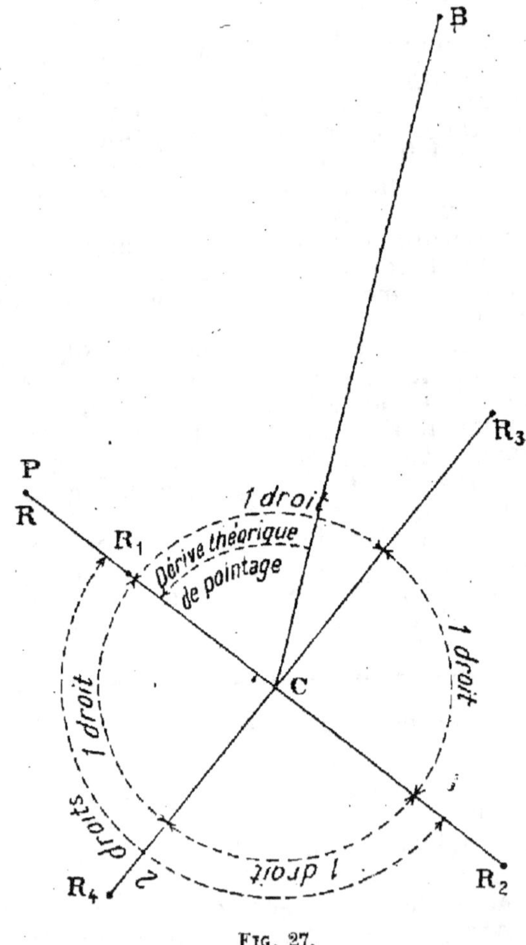

Fig. 27.

ner l'appareil de pointage jusqu'au moment où on aperçoit le point de pointage sur le point vertical de l'appareil.

Le repérage se fait dès que la pièce est en direction,

c'est-à-dire avant le tir, et sans qu'aucun ordre particulier soit donné au pointeur.

La dérive de repérage n'a, en général, aucun rapport avec la dérive de pointage; il peut arriver cependant, dans certains cas, que la dérive de repérage soit égale à la dérive de pointage (*fig.* 27).

a) Le point de pointage satisfait le pointeur (dans le cas où le pointage a été fait au moyen d'un théodolite, on peut planter un piquet à l'emplacement de cet appareil);

b) Le point R se trouve en R_1, sur la même ligne que le point P (on pourra faire planter un piquet sur la ligne de pointage);

c) Si l'appareil est gradué en deux secteurs, la dérive reste la même lorsque le point R est sur la ligne P C prolongée, en R_2 par exemple;

d) Quand l'appareil est gradué en quatre secteurs (canon de 75), lorsque le point de repérage se trouve en R_3 ou R_4, sur la perpendiculaire à la ligne C P (bien entendu, dans ces deux derniers cas, on change de cadran, bien que le nombre reste le même).

Repérage au miroir des anciens canons de l'artillerie lourde (120 L, 155 L, 155 C modèle 1881-1912).

Dans la méthode de pointage et de repérage que nous avons examinée au chapitre précédent, nous nous trouvons toujours dans la nécessité, aussi bien pour le point de pointage que pour le point de repérage, d'avoir une vue d'au moins 50 mètres. Si, dans la guerre en rase campagne, cette obligation ne présente pas d'inconvénient, il n'en est pas de même pour la guerre de tranchée, où les pièces se trouvent dans des abris et ne peuvent avoir de vue au delà de quelques mètres bien souvent.

En particulier, pour les pièces d'artillerie à pied, aménagées pour l'artillerie lourde, l'obligation d'une vue éloignée causerait une gêne sensible. Pour ces pièces de grande dimension (120 L., 155 L.), le pointeur serait obligé, après chaque coup de canon, d'escalader sa pièce pour refaire le pointage.

On a imaginé la méthode du repérage au miroir, qui ne nécessite qu'un espace de quelques mètres et qui, par conséquent, s'applique très bien aux pièces sous abris. Sur le flasque gauche de la pièce se trouve une pièce de bronze, le support de miroir. Cette pièce peut basculer vers l'avant ou l'arrière, en restant parallèle aux flasques. Une vis d'immobilisation, manœuvrée à l'intérieur de l'affût, permet de fixer le support à une inclinaison donnée.

Miroir.

Le miroir se compose de deux parties principales :

1° Un écusson ou plaque métallique qui se fixe dans le support;

2° Le miroir proprement dit, muni d'un niveau transversal et de deux vis, l'une à molette, permettant de faire basculer le miroir (en supposant celui-ci en place) vers la droite ou vers la gauche, l'autre munie d'un secteur permettant de faire basculer le miroir vers l'avant ou vers l'arrière.

On commence par mettre le miroir dans un plan vertical en agissant sur la vis à molette jusqu'au moment où la bulle de niveau est entre ses repères; puis on redresse à vue le miroir pour que celui-ci soit à peu près vertical, et on l'immobilise par la vis à oreille.

Le support aura été préalablement incliné au moyen d'un niveau de pointage modèle 1898, au même angle que le canon lui-même.

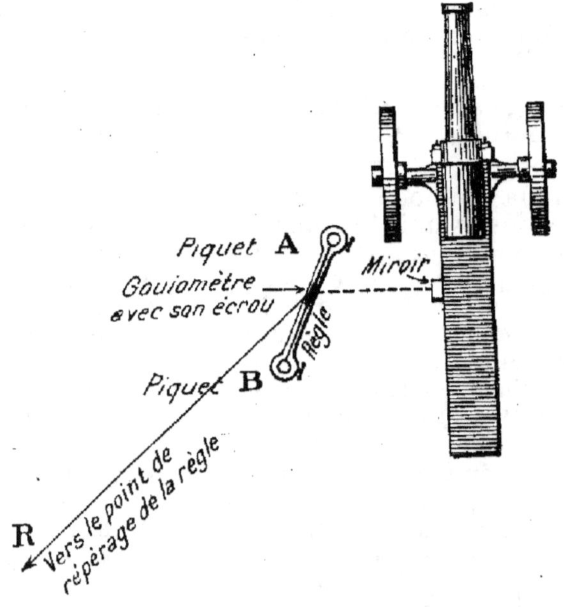

Fig. 28.

A gauche de la pièce, on dispose deux piquets d'un modèle spécial (*fig. 28*). Ces piquets sont enfoncés dans la masse, aux positions A et B, et de telle façon que la ligne A B s'écarte du canon du côté de la crosse pour permettre le déplacement ultérieur de la crosse vers la gauche.

La distance entre les deux piquets A et B est fixée par la longueur d'une pièce métallique, appelée règle de repérage, terminée de chaque bout par un œil, que l'on passe dans chacun des piquets; deux vis de serrage à clé permettent d'immobiliser parfaitement la règle (*fig.* 30).

La partie de la règle située entre les deux trous est, par construction, rigoureusement droite; elle porte, à

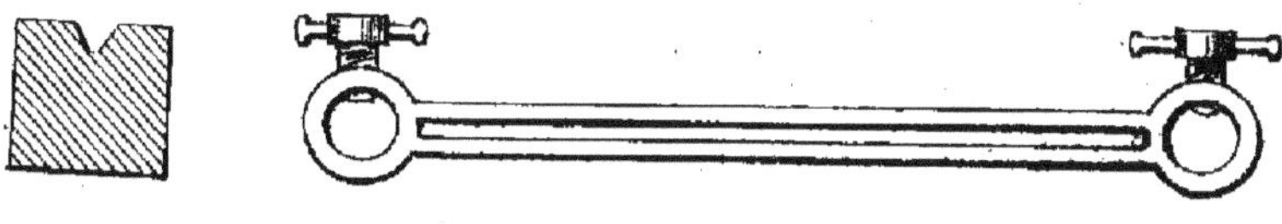

FIG. 29.   FIG. 30.

sa partie supérieure, une nervure en forme de V, de sorte que la coupe est celle figurée ci-dessus (*fig.* 29).

La règle doit être mise parfaitement horizontale et à une hauteur telle que le collimateur d'un goniomètre, dont les pieds sont dans la nervure, se réfléchisse dans le miroir. Pour rendre la règle parfaitement horizontale, on se sert du niveau du pied du goniomètre.

Théorie du repérage.

Le tout étant disposé comme il est dit ci-dessus, et la pièce étant supposée pointée au tonnerre, on commence par la repérer au tonnerre, si c'est possible (vue suffisante). Puis on prend ce qu'on appelle la constante de repère de la règle, dans le cas où l'on dispose d'une vue éloignée R. Le goniomètre marque

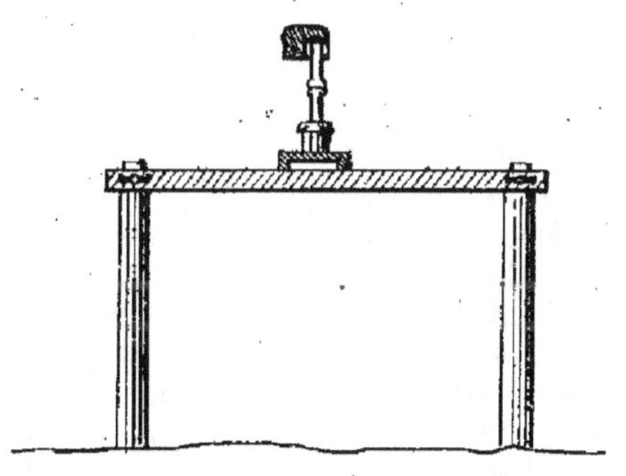

FIG. 31.

alors un nombre qui est l'angle formé par la perpendiculaire à la règle et la direction choisie (le niveau est vers l'arrière du canon).

Si la règle reste rigoureusement immobile pendant tout le tir, chaque fois qu'on prendra la constante de

repère on retrouvera le même nombre. On aura ainsi
un moyen exact de vérifier la position de la règle.

On munit alors le goniomètre de son écran (voir Règlement); on place le goniomètre ainsi armé sur la règle et, en agissant sur la tige et sur le tambour, on
s'arrange pour que la ligne de foi et l'image de la trace
blanche, vues dans la glace, soient confondues. On lit
le nombre marqué alors par le goniomètre : c'est la
dérive de repérage au miroir, qui, bien entendu, n'a
aucun rapport avec la dérive de repérage au tonnerre.

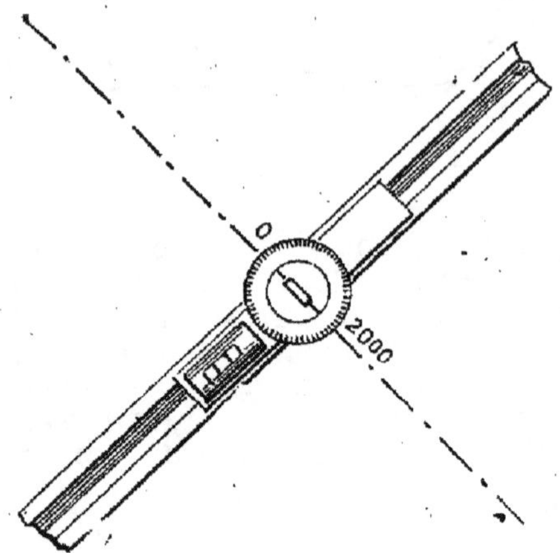

FIG. 32.

Quand le coup est parti, la pièce recule, puis revient
en batterie, mais jamais avec une exactitude rigoureuse. Pour remettre la pièce en direction, le pointeur
commande : « A la crosse » et fait déplacer celle-ci
jusqu'au moment où il voit de nouveau la ligne de foi
du collimateur et l'image de la trace blanche dans la
glace confondues.

Nous allons prouver que la pièce est revenue rigoureusement en direction.

En effet, soit M le miroir (fig. 33). Quand on prend
la dérive de repérage au miroir, ligne de foi et image
confondues, le collimateur se trouve rigoureusement
perpendiculaire à la glace.

Comme on ne touche pas au goniomètre qui marque
le même nombre et qu'en le glissant sur la règle, la
direction du collimateur ne change pas, la ligne C A
est parallèle à la ligne C' A'. Quand on refait le pointage après le coup tiré, le miroir, qui a changé de
place et qui est en M', est perpendiculaire au collimateur. Les deux directions C A et C' A' étant parallèles,
leurs deux perpendiculaires M et M' sont parallèles.

Comme le miroir est lié au canon, celui-ci occupe la
même position en direction qu'avant le coup. Le miroir
change le sens caractéristique. Pour éviter une dé-

monstration, nous nous rappellerons que, si on tourne
devant une glace dans le sens direct, on aperçoit sa
propre image qui tourne dans le sens indirect; on peut

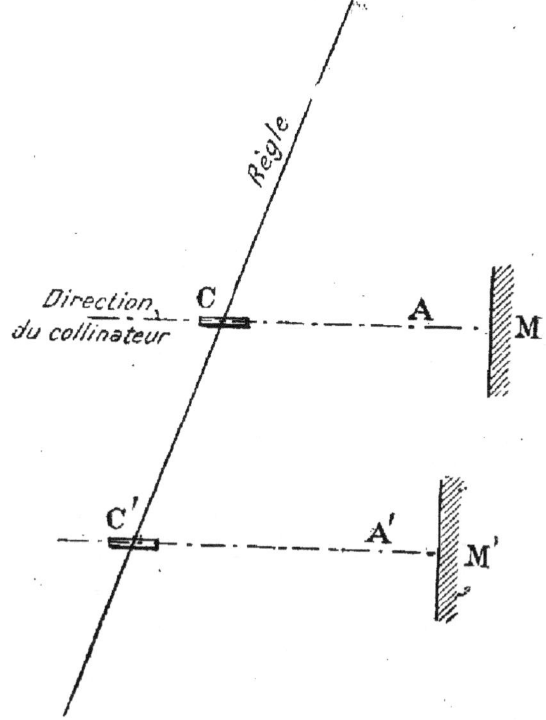

FIG. 33.

donc comprendre que le sens caractéristique est
changé. Donc, pour porter une pièce repérée au miroir
vers la droite, on doit diminuer la dérive; si c'est au
tonnerre, on augmentera.

CHAPITRE VI.

Propriétés du millième.

Nous avons pu remarquer que les pièces les plus modernes ont leur appareil de pointage gradué en millièmes. Il est intéressant de se demander pourquoi cette unité, qui *a priori* semble bizarre, paraît être définitivement adoptée aujourd'hui. Ce qui suit en est la justification.

Supposons qu'un observateur, muni d'un appareil capable de mesurer les angles (goniomètre ou théodolite par exemple), soit accompagné d'un aide porteur de fiches de longueurs différentes, de mètre en mètre par exemple. Supposons, en outre, qu'on dispose d'un terrain non accidenté.

DÉFINITION. — On appelle angle sous lequel on voit un objet, l'angle formé par les deux rayons visuels allant à l'extrémité de cet objet.

A un kilomètre de l'observateur, faisons planter un jalon de 1 mètre et regardons sous quel angle on voit ce jalon dans l'appareil (*fig.* 34). On constate que l'an-

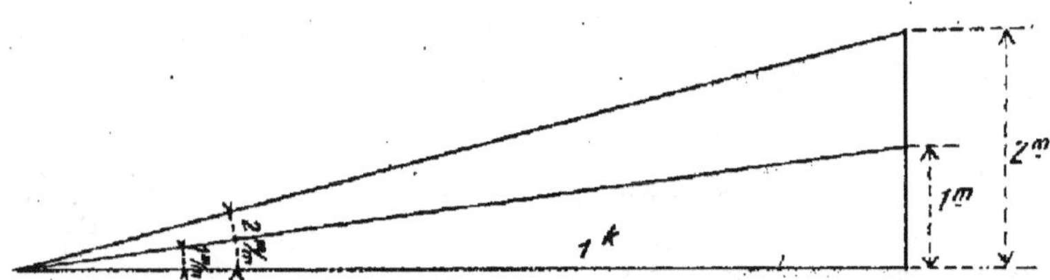

FIG. 34.

gle de visée est très approximativement de 1 millième. Nous pouvons donc écrire que 1 mètre vu à 1 kilomètre est vu sous l'angle de 1 millième.

Supposons que l'on augmente la longueur vue et qu'au lieu de 1 mètre on regarde des longueurs de 2, 3 mètres, etc. On constate que l'angle de visée devient 2, 3 millièmes, etc., et ceci d'une façon assez exacte jusqu'aux environs de 100 millièmes. On peut donc dire qu'une longueur de 2, 3 mètres, etc., est vue sous un angle de 2, 3 millièmes, etc.

Ex. : 48 mètres, vus à 1 kilomètre, sont vus sous un angle de 48 millièmes.

On peut déjà conclure de ce qui précède qu'un objet

vu à 1 kilomètre donne un angle de visée égal à sa longueur, à condition que cette longueur soit exprimée en mètres et ne dépasse pas 100 mètres.

Transportons les piquets à 2 kilomètres en faisant les mêmes visées que précédemment. On constate qu'une longueur de 1 mètre, à 2 kilomètres, est vue sous l'angle de 1/2 millième; 2 mètres, à 2 kilomètres, sous l'angle de 1 millième; 3 mètres, à 2 kilomètres, sous l'angle de 3/2 millième; n mètres, à 2 kilomètres, sous l'angle de $n/2$ millième.

Ex. : 20 mètres à 2 kilomètres, sont vus sous l'angle $20/2 = 10$ millièmes.

Si nous éloignons encore les piquets, nous constatons, d'une façon générale, que l'angle de visée est donné par le quotient de la longueur vue exprimée en mètres, divisée par la distance exprimée en kilomètres.

Ex. : un arbre à 12 mètres de hauteur. Sous quel angle le voit-on à 4 kilomètres?

Cet angle est $12/4 = 3$ millièmes.

FORMULE $\dfrac{H}{D}$. — Si nous appelons H la longueur vue et D la distance de visée, l'angle a de visée est $a = \dfrac{H^{m}}{D^{k}}$, et cet angle est donné en millièmes. Cette formule n'est vraie que jusqu'à 100 millièmes environ.

Nous n'avons pas précisé de quel millième il s'agit. En réalité, il ne s'agit ni du millième de 75, ni du millième de Rimailho, mais d'une autre unité appelée millième théorique et qui est la 1571e partie de l'angle droit. Comme il eût été peu pratique de diviser les appareils de pointage en 1571 parties, on a opéré de deux façons différentes :

Ou bien on a pris le multiple de 100 inférieur à 1.571, c'est-à-dire 1.500, et, en divisant l'angle droit en 1.500, on avait une unité un peu trop grande (millième de Rimailho);

Ou bien on a pris le multiple de 100 supérieur à 1.571, c'est-à-dire 1.600, et on a eu une unité trop petite (millième de 75).

Remarquons que 1.600 est plus voisin de 1.571 que 1.500; par conséquent, le millième de 75 se prête mieux que celui de Rimailho à remplacer le millième théorique.

C'est pourquoi, dans les canons les plus modernes, on a réadopté le millième de 75 (155 S., modèle 1915).

Utilité de l'adoption du millième.

L'adoption du millième nous permet de faire quelques problèmes intéressants.

PREMIER PROBLÈME.

Une pièce de 155 S est pointée à une distance de 9 kilomètres sur un point situé sur le côté du but et à 450 mètres de ce but. Quelle dérive faut-il commander?

La dérive théorique est de $D_T = \dfrac{450}{9} = 50$ millièmes.

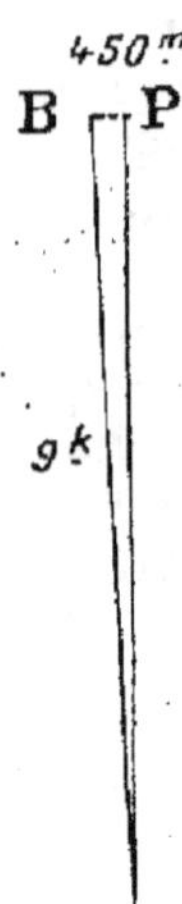

FIG. 35.

La dérive marquée est donc : $50 + 1.000 = 1.050$ au collimateur.

Remarquons que l'opération ci-dessous peut se faire à l'aide d'une carte et dispense de l'emploi d'un rapporteur.

DEUXIÈME PROBLÈME.

Un avion de réglage signale que le coup d'un canon de 155 S. tombe à 100 mètres à gauche du but, à 9 kilomètres. Que faut-il commander à la pièce pour amener l'obus au but?

Il faut diminuer de $\dfrac{100}{9} = 11$ environ.

Si l'adoption du millième nous permet de connaître des angles connaissant deux longueurs, elle nous permettra, ici, de connaître des longueurs connaissant un angle et une autre longueur.

1ᵉʳ exemple. — Une longueur de 100 mètres est vue sous un angle de 10 millièmes. Quelle est la distance qui nous en sépare?

La formule $\dfrac{H}{D}$ nous donne $\dfrac{H}{D} = 10$ ou $\dfrac{100}{D} = 10$, d'où $V = 10$ kilomètres.

2ᵉ exemple. — Une tranchée ennemie a 50 mètres de

long, on la voit sous 20 millièmes. A quelle distance est-elle?

$$\frac{50, \text{ longueur vue, en mètres}}{D, \text{ distance, en kilomètres}} = 20, \text{ d'où } D = 2 \text{ kil. } 5.$$

On peut, inversement, connaissant la distance à laquelle se trouve la longueur vue, connaître sa grandeur.

3e exemple. — Une tranchée ennemie située à 5 kilomètres est vue sous un angle de 12 millièmes. Quelle est la longueur de la tranchée?

C'est H $m.$ donnée par : $\dfrac{H\ m.}{5\ \text{kil.}} = 12$;

D'où H $= 60$ mètres.

Télémétrie stadimétrique.

On regarde, à travers la lunette d'un théodolite, une longueur fixe; suivant l'angle sous lequel on voit cette longueur, on estime la distance, soit au moyen de la formule $\dfrac{H}{D}$, soit au moyen d'une graduation faite à l'avance (théodolite de Rimailho et son rapporteur).

CHAPITRE VII.

Pointage en hauteur.

Dans ce chapitre nous supposerons que la pièce est pointée en direction, c'est-à-dire que, si l'on fait partir le coup (abstraction faite de la dérivation), l'obus tombe sur la ligne canon-but, soit au delà du but, soit en deçà.

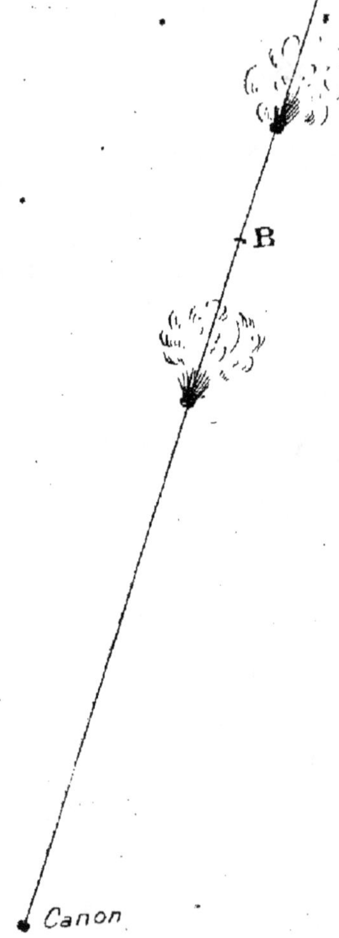

Fig. 36.

Nous allons supposer que nous nous plaçons à droite du canon, par exemple, et nous allons étudier les différentes formes de la trajectoire.

Le sol est tout d'abord supposé parfaitement horizontal et les tourillons du canon au même niveau que ce sol; la charge de poudre est supposée toujours la même.

Mettons d'abord le canon parfaitement horizontal au moyen, par exemple, du nouveau modèle 1888. Chargeons la pièce et tirons le coup de canon. L'obus partira en ligne droite, chemin qu'il suivrait théoriquement si la pesanteur n'existait pas. Mais, dès qu'il a quitté la bouche de la pièce, l'obus tend à tomber en même temps qu'il avance; de sorte qu'il rencontre le sol à une distance du canon théoriquement nulle.

Portée.

On appelle portée d'une pièce la distance, exprimée en mètres, entre la pièce et le point de chute de l'obus sur un terrain supposé horizontal.

Dans ce qui précède, nous voyons que la portée serait nulle.

Angle de tir.

On appelle angle de tir l'angle généralement exprimé en degrés et minutes, ou vingtièmes, formé par le plan horizontal et l'axe du canon indéfiniment prolongé.

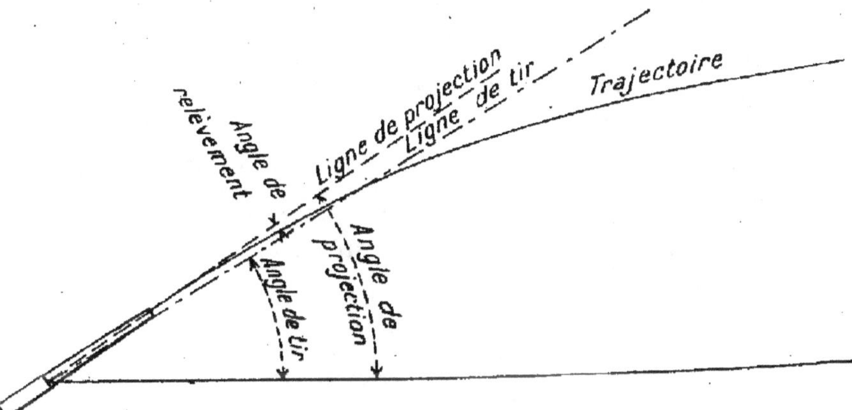

Fig. 37.

Dans ce qui précède, l'angle de tir est égal à zéro, puisque l'axe du canon est supposé horizontal; d'où nous pouvons conclure que, pour un angle de tir nul, la portée est théoriquement nulle.

Dans la pratique, il n'en est pas tout à fait de même pour deux raisons :

1° Les pièces ne sont pas au niveau du sol. Elles sont à celui des tourillons et occupent au-dessus du sol une hauteur dite hauteur de genouillère (*fig.* 38). Dans certains canons cette hauteur est grande (ex. : 155 L.).

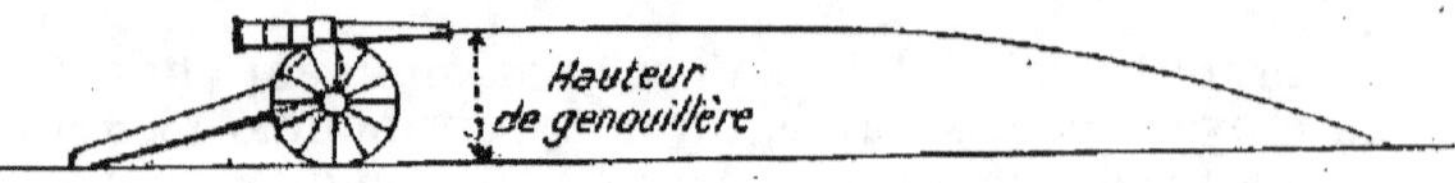

Fig. 38.

Si on met la pièce horizontale avec un tel canon, la portée n'est pas nulle pour l'angle de tir zéro, parce que, tandis que l'obus tombe du niveau du canon au sol, il a eu le temps de parcourir une certaine distance;

2° Il faut tenir compte également d'un certain angle de relèvement de l'obus au départ du coup. Sa *ligne de projection* fait un angle, minime il est vrai, avec la *ligne de tir*, ou axe du canon indéfiniment prolongé, avant le départ du coup. Cet angle de relèvement vaut, pour l'obus explosif de 105 modèle 1914, 14 minutes.

De sorte qu'on arrive, avec le canon de 105 L. mod. 1913, à tirer à environ 250 mètres, lorsque l'angle de tir est égal à zéro. Ceci, en raison de la hauteur de genouillère et de l'angle de relèvement.

Le premier coup étant tiré, augmentons légèrement l'angle de tir, nous constatons que l'obus s'élève d'abord graduellement, puis redescend suivant une courbe à peu près semblable à celle qu'il a suivie pour monter. La portée a pris une certaine valeur plus grande. Augmentons encore l'angle de tir, la portée augmente, et ainsi de suite jusqu'à un angle de tir voisin de 45°. Au delà de 45°, l'augmentation de l'angle de tir diminue de portée.

Il est à remarquer que, plus l'angle de tir est grand, plus la hauteur à laquelle monte l'obus est grande. Par conséquent, c'est pour l'angle de tir de 90° (canon vertical) que l'obus monte le plus haut.

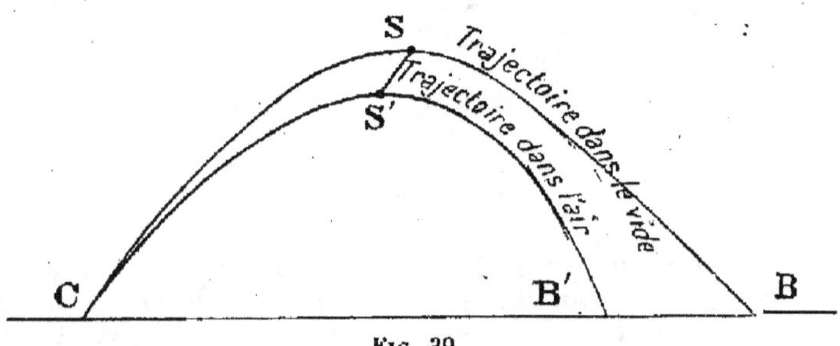

Fig. 39.

Si la résistance de l'air n'intervenait pas, les trajectoires seraient des courbes symétriques par rapport à la verticale c'est-à-dire que la partie C S de la trajectoire serait superposable à la partie S B (*fig.* 39). Dans la réalité, la résistance de l'air a pour effet de descendre le sommet S et de le rapprocher du canon. De plus, la trajectoire se trouve raccourcie et descend sous une forme plus courbe que celle de sa montée.

Flèche.

On appelle flèche la distance qui sépare le sommet de la trajectoire du sol horizontal; c'est la hauteur la

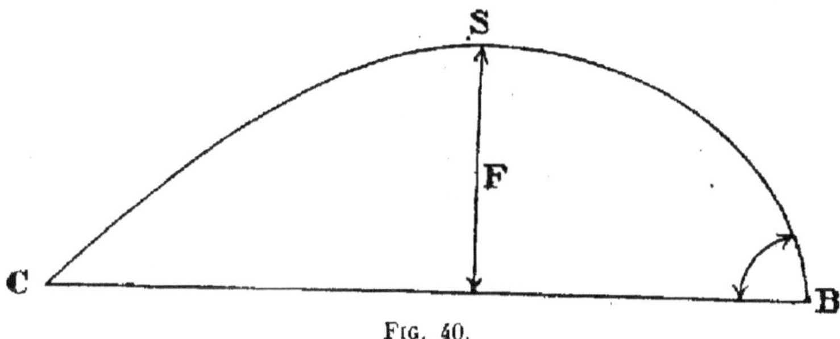

FIG. 40.

plus haute que puisse avoir un point de la trajectoire. Ce point est le sommet.

Branche ascendante. — C'est la branche C S.

Branche descendante. — C'est la branche S B.

Pour parcourir la branche ascendante, qui est la plus longue, l'obus met moins de temps que pour parcourir la branche descendante, qui est la plus courte. (Cette propriété, qui semble paradoxale, est due à la résistance de l'air. Il peut même arriver, dans certains cas, qu'avant de toucher le sol, en un point M, la résistance de l'air devienne d'effet égal à celui de l'accélération due à la pesanteur; de M à B, l'obus prend un mouvement à peu près uniforme.)

Reprenons la figure de la forme générale de toutes les trajectoires (*fig.* 41). Si on les traçait toutes de telle façon que deux trajectoires voisines se confondent presque, on partagerait l'espace en deux régions; la première hachurée, contenant toutes les trajectoires; la seconde, non hachurée, n'en contenant aucune. La séparation des deux régions est une courbe de même allure que les trajectoires et qui porte le nom de courbe de sûreté (théoriquement parabole de sûreté), parce que tout point situé au-dessus, en A par exemple, ne peut pas être atteint, tandis que tout point situé en B au-dessous de la courbe de sûreté peut être atteint.

On peut assimiler à cette figure la zone de protection d'un poste contre aéronef. Tout avion qui se présente dans la région A pourra impunément jeter des bombes sans être atteint par le canon du poste. Dans la région B, il pourra être atteint par le canon du poste; c'est pourquoi les avions opèrent leurs bombardements en se tenant à grande hauteur, ce qui est aux dépens de la justesse du tir de ces avions.

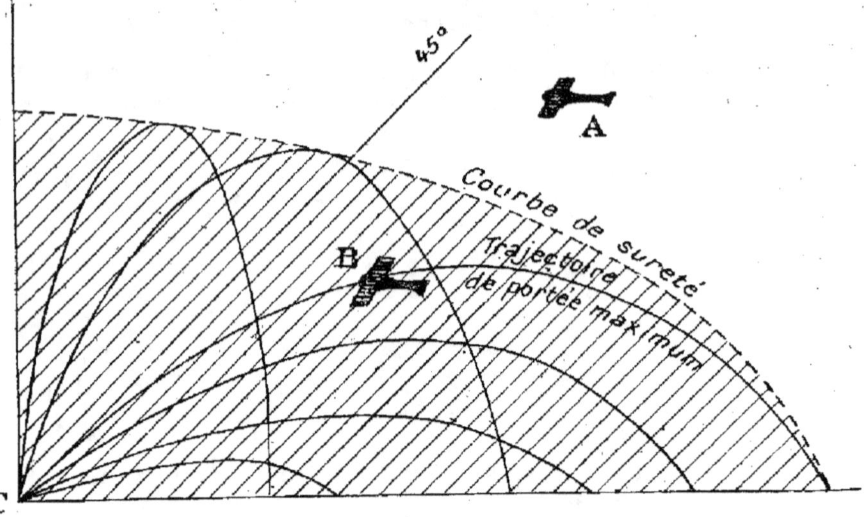

Fig. 41.

On voit donc que les défenses fixes contre avions sont insuffisantes; c'est pourquoi les postes fixes sont doublés ou accompagnés de postes mobiles d'auto-canons.

EXEMPLES D'ANGLES DE TIR.

(Canon de 105 long mod. 1913; obus explosifs en acier mod. 1914; charge 2 kilos, poudre B. G. 5.)

500 mètres.	13'
2.000 mètres.	1°,52'
3.500 mètres.	4°,7
7.000 mètres.	12°,20'
9.000 mètres.	19°,13'
12.300 mètres.	36°,27'

Classification des différents genres de tir.

Angle de chute. — On appelle angle de chute l'angle formé par le plan horizontal et la direction que suit l'obus au point de chute. C'est l'angle marqué en B (*fig. 40*).

Tir de plein fouet. — On dit qu'une pièce fait du tir de plein fouet lorsque l'angle de chute est compris entre 0 et 26°.

Tir plongeant. — Une pièce fait du tir plongeant lorsque l'angle de chute est compris entre 26 et 55°.

Tir vertical. — Une pièce fait du tir vertical lorsque l'angle de chute est plus grand que 55°.

Utilisation pratique des différents tirs.

Tir de plein fouet. — L'obus arrivant presque horizontalement, le tir de plein fouet sera employé contre

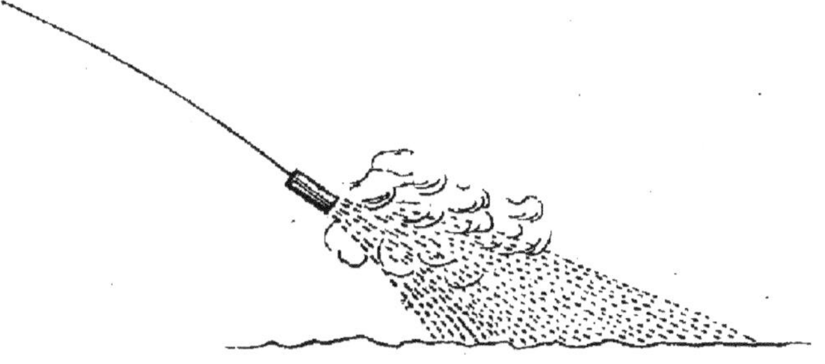

Fig. 42.

du personnel non ou mal abrité (tir de barrage contre vagues d'assaut). Ce tir sera en général fusant, c'est-à-

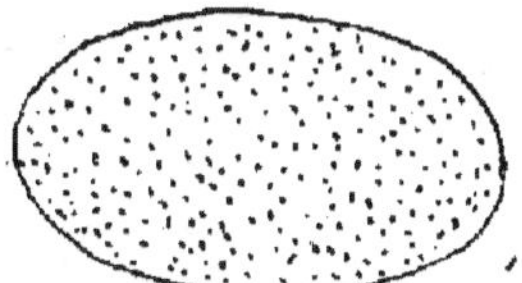

Fig. 43.

dire que les obus, éclatant en l'air, arroseront une zone déterminée du terrain d'une grêle de projectiles qui,

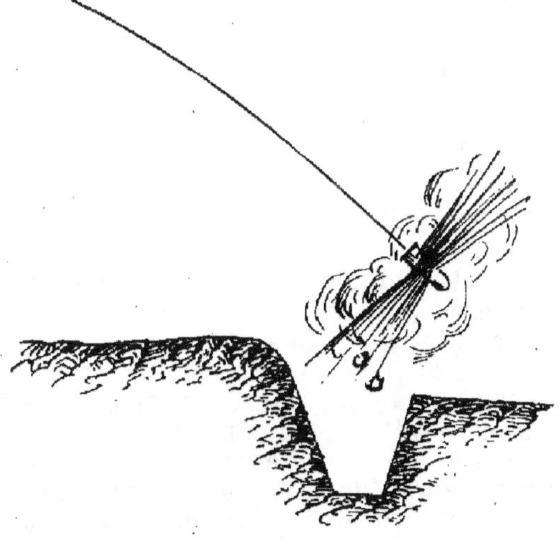

Fig. 44.

en surface, se répartissent suivant une ellipse. Les canons de 75, de 105 long utilisent ce genre de tir.

Le tir de plein fouet se prête également à l'emploi de l'obus explosif, dont l'éclatement a lieu généralement suivant un plan perpendiculaire à la trajectoire. Si l'obus éclate en l'air, on pourra atteindre, soit du personnel découvert, soit du personnel insuffisamment abrité par-dessus.

Les tirs de plein fouet percutants ont des effets qui sont localisés et risquent souvent de faire ricocher l'obus. Si le terrain est particulièrement dur, le ricochet est fréquent. Il résulte déjà de ce que nous venons de dire que, pour l'artillerie lourde, les tirs de plein fouet ne présentent pas un intérêt primordial, puisque celle-ci aura rarement à tirer sur du personnel très découvert.

Tir plongeant. — Dans le tir plongeant, l'angle de chute devient plus considérable et, si l'obus est d'un calibre suffisant, tout ricochet étant évité (à cause de l'angle de chute), on pourra obtenir sur des retranchements, casemates, etc., des effets très puissants.

L'invention de fusées retardées permet, en outre, de faire éclater l'obus à la façon d'une mine, et produit la désagrégation du système défensif de l'ennemi. La figure ci-après indique la façon dont éclate un obus à fusée retardée (*fig.* 45).

Pour éviter l'effet de ces obus à fusée retardée, le moyen que nous avons à notre disposition est d'empêcher l'obus de pénétrer trop avant dans la terre. C'est pourquoi on dispose au-dessus des lits de rondins, de pierres ou de roches dures, qui auront pour effet :

1° De s'opposer au passage de l'obus;

2° Par leur dureté, d'agir le plus vite possible sur la fusée.

L'éclatement sera donc plus en surface et, par suite, moins dangereux. Il faut que l'obus rencontre le plus tôt possible un corps dur.

Tir vertical. — Le tir vertical se rapproche par ses effets du tir plongeant; mais, l'angle de chute étant encore plus grand, l'obus pénètre plus avant et ses effets sont plus puissants.

Remarque. — La forme de la trajectoire nous indique que l'angle de chute est toujours plus grand que l'angle de tir; par conséquent, pour être certain de faire un tir plongeant, il nous suffira de prendre un angle supérieur à 26° comme angle de tir.

Les tables de tir, que nous étudierons plus loin, nous donnent la valeur de l'angle de chute.

La figure 45 et le texte précédent nous montrent que, pour obtenir un effet de destruction maximum, avec un obus donné, sur un abri couvert, il faut que l'obus tombe le plus verticalement possible :

Supposons qu'un canon de 155 S, placé à 2.400 mètres du but, ait à démolir un abri. La charge la plus forte de poudre, ou charge 00, est de 3 kgr. 540. Pour

FIG. 45.

atteindre le point B, l'angle de tir est de 4°,20'. L'angle de chute nous donnera à peu près certainement un tir de plein fouet.

Pour atteindre le point B sous un angle plus grand, nous sommes obligés de diminuer la charge de poudre

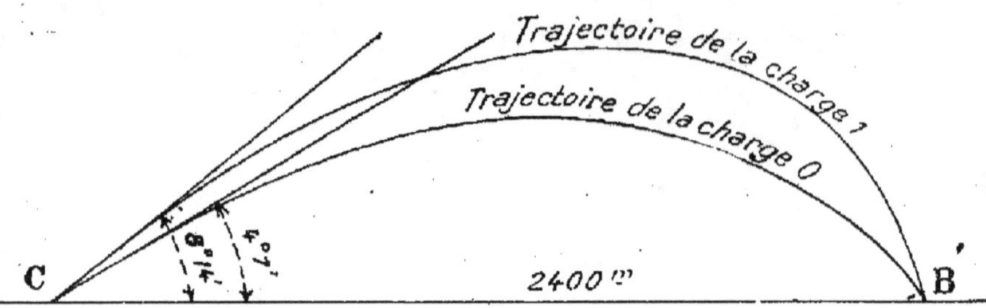

Fig. 46.

et d'augmenter l'angle de tir. Ainsi, en charge 0 (ou 3 kgr. 235), l'angle de tir 5°,1' nous permet d'atteindre l'objectif. En charge 1 (ou 2 kgr. 470), l'angle de tir 7°,28' nous permet encore d'atteindre le point B. On verrait de même qu'en charge 2 (1 kgr. 460), l'angle de tir est 9°,21'; en charge 3 (1 kgr. 220), l'angle de tir est 11°,54'; en charge 4 (1 kgr. 020), l'angle de tir est 15°,29', et en charge 5 (0 kgr. 880), l'angle de tir est 19°,23'.

On voit que cette dernière charge, qui donne un angle de tir de 19°,23', est celle qui nous rapprochera le plus du tir plongeant. Ce sera donc la charge à employer pour avoir le maximum d'effet en profondeur du sol.

Cet exemple montre que l'emploi des charges réduites permet, d'une façon complète, d'augmenter l'angle de chute sans que l'on soit obligé de reculer la pièce par rapport au but. De sorte qu'un canon a à sa disposition une zone très profonde qu'il pourra battre avec des angles de chute suffisamment grands.

Plus le point sera rapproché, plus on fera appel aux charges réduites qui présenteront en outre l'avantage:

1° De fatiguer moins le matériel;

2° Utilisant des angles de tir plus grands, de permettre de défiler plus parfaitement les pièces.

Zone de tir à charge réduite.

Nous prendrons comme exemple le 155 S. mod. 1915.

La charge 00 (3 kgr. 540) donne une portée maxima de 9.500 mètres en obus explosifs, la vitesse de l'obus, au départ du coup, étant de 450 mètres par seconde.

CHAR-GE.	POIDS.	PORTÉE MAXIMUM. (Mètres.)	VITESSE INITIALE. (Mètres.)	OBUS.
00	3 kgr. 540	9.500	440	
0	3 kgr. 235	8.900	411	Obus
1	2 kgr. 470	7.300	329	
2	1 kgr. 460	6.100	286	
3	1 kgr. 220	5.100	253	explosifs.
4	1 kgr. 020	4.100	226	
5	0 kgr. 880	3.600	207	

Le schéma ci-après (*fig.* 47) donne une idée des zones qui peuvent être atteintes avec les différentes charges.

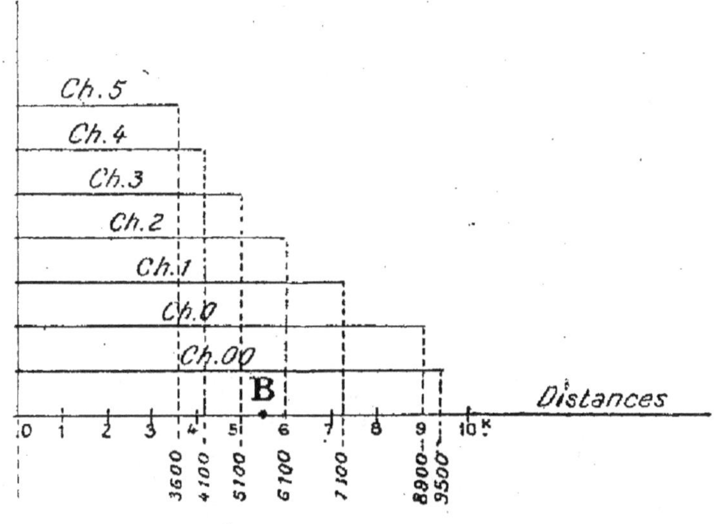

Fig. 47.

L'examen de ce tableau permet de voir qu'un point B peut être atteint en employant quatre charges différentes.

Confection des charges.

En général, dans les pièces modernes, les charges de poudre sont contenues dans une douille en laiton, et les sachets se superposent en portant des numéros d'autant plus élevés que le sachet est plus près de l'amorce.

Ex. : douilles de 155 C. T. R. (7 sachets numérotés 1, 2, 3, 4, 5, 6 et 7) (*fig.* 48).

La charge numéro 1 est constituée par tous les sachets;

La charge n° 2, par les sachets 2, 3, 4, 5, 6 et 7;

La charge n° 3, par les sachets 3, 4, 5, 6 et 7, etc., etc.;

La charge n° 7, par le sachet 7;

La charge 0 par tous les sachets, auxquels on ajoute un sachet supplémentaire.

Bien entendu, les différents sachets ne portant pas les mêmes numéros peuvent avoir un poids différent.

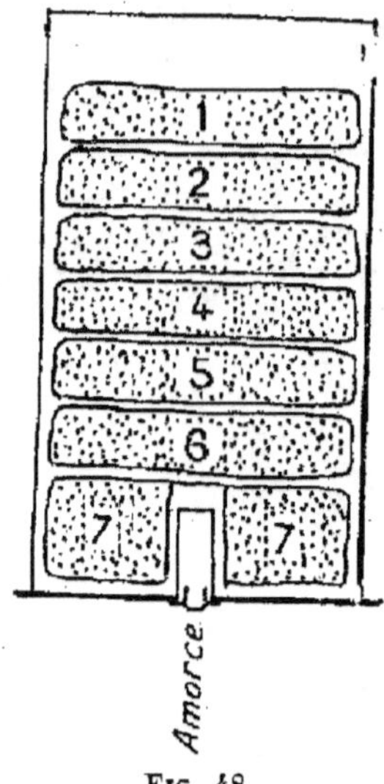

Fig. 48.

Au commandement : « Charge tant », le servant chargé de la confection des charges (artificier) tire sur la poignée de bois et déchire le carton couvre-joint. La charge 1 apparaît. Il retire autant de sachets qu'il est nécessaire pour faire apparaître le numéro de la charge commandée; si on commande « Charge 0 », l'artificier met un appoint de 200 grammes.

L'artificier doit apporter le plus grand soin dans la confection de la charge commandée. En effet, si on commande: « Charge 2 », par exemple, et s'il confectionne la charge 3, l'obus ira trop près et risquera de toucher les troupes amies.

Classification des canons d'après leur genre de tir.

Les canons se classent en quatre catégories principales :

1° Canons longs;
2° Canons courts;
3° Obusiers;
4° Mortiers.

En principe, un canon quelconque, s'il était libre de prendre sur son affût des inclinaisons quelconques, pourrait exécuter tous les genres de tir : vertical, plongeant et de plein fouet. Ce sont donc les affûts qui font différencier les canons.

1° *Canons longs.* — On dit qu'un canon est long, non parce que sa longueur de tube est grande, mais parce que cette longueur est grande par rapport au calibre.

Ex. : le 120 long mod. 1878, le 105 L. mod. 1913.

Les canons longs sont disposés, dans l'artillerie lourde, pour faire spécialement du tir à pleine charge qui, aux grandes distances, devient cependant plongeant. Quelques-uns tirent parfois à charge réduite (120 long); le 105 long tire de 0° à 36°.

2° *Canons courts.* — Les canons courts ont la propriété d'être courts par rapport à leur calibre.

Ex. : le 155 C. mod. 1881.

Les affûts des canons courts permettent les trois genres de tir : plein fouet, plongeant et vertical; mais on n'emploie guère que le tir plongeant et le tir vertical.

Comme le canon est court, l'obus reçoit un mouvement d'accélération pendant moins de temps, et les vitesses d'obus des canons courts sont relativement faibles, alors que, pour les canons longs, elles peuvent atteindre jusqu'à 800 mètres à la seconde.

3° *Obusiers.* — Les obusiers sont des canons courts, mais dont l'affût ne permet pas l'emploi du tir vertical.

Ex. : obusier de campagne de 155 C. S., mod. 1915.

4° *Mortiers.* — Ils sont spécialement employés au tir vertical, par conséquent employés pour l'attaque des places fortes ou des retranchements de grande épaisseur.

Ex. : le mortier de 220, 270, 280, etc.

Table de tir.

Une table de tir est constituée par un livret donnant un certain nombre de renseignements et particulièrement ceux relatifs aux angles de tir à faire marquer à la pièce, pour atteindre, avec un obus déterminé et une charge donnée, un objectif, situé sur le même plan horizontal, à une distance donnée exprimée en mètres.

Les tables de tir contiennent en outre un certain nombre de renseignements généraux sur le canon employé, la nomenclature des charges et les projectiles.

Ainsi, dans le canon de 155 S. mod. 1915, nous voyons que le diamètre entre les cloisons est de 155 millimètres, et de 157 millimètres entre les rayures. Le nombre des rayures est de 48 et leur inclinaison est progressive, de façon à donner à l'obus une vitesse de rotation progressive pour éviter tout arrachement de la ceinture. L'inclinaison finale des rayures est de 7°; le poids de la masse reculante est de 1.565 kilogrammes, le poids de la pièce en batterie de 3.220 kilogrammes. L'inclinaison que peut prendre la pièce est au maximum de 42°.

D'autres renseignements sont relatifs à la confection des charges et à la façon de tenir compte, dans le tir, de la température, de la pression atmosphérique et du vent.

Différents tableaux sont annexés au livret :

I. — Le tableau I indique sous quel angle on voit, à différentes distances, un front de 1 mètre (en décigrades);

II. — Le tableau II donne les valeurs d'angle de site (voir chap. VIII) pour une différence d'altitude de 1 mètre;

III. — Le tableau III (et III *bis*) donne les valeurs de la correction complémentaire d'angle de site (voir chap. VIII);

IV. — Le tableau IV indique le numéro de la charge à employer pour obtenir, aux différentes portées, un angle de chute déterminé.

Ex. : Si on veut, à 4.900 mètres, obtenir un angle de chute de 15°, il faudra employer la charge 0.

V. — Le tableau V, le plus important, est divisé en trois parties :

1° Sur feuilles rouges relatives au tir de l'obus à mitraille;

2° Sur feuilles jaunes relatives au tir de l'obus explosif;

3° Sur feuilles vertes relatives au tir de l'obus en fonte aciérée.

Chacune de ces parties est divisée en tableaux par charges et, pour chaque charge, on trouve :

1° L'angle de tir exprimé en degrés, minutes et vingtièmes;

2° La fourchette (dont l'emploi est indiqué dans les cours de tir);

3° La correction de dérivation due aux rayures;

4° La correction pour un vent latéral de 10 mètres;

5° La flèche de la trajectoire;

6° La durée du trajet en secondes;

7° L'évent à déboucher pour la fusée;

8° La vitesse restante, c'est-à-dire dè l'obus touchant le sol;

9° L'angle de chute;

10° L'écart probable (étudié dans les cours de tir).

CHAPITRE VIII.

De l'angle de site.

Dans le chapitre précédent nous avons supposé que le but et le canon étaient au même niveau, c'est-à-dire que la ligne canon-but était une ligne horizontale. Cette particularité est rarement réalisée, et le but doit être considéré comme étant à un niveau différent de celui de la pièce.

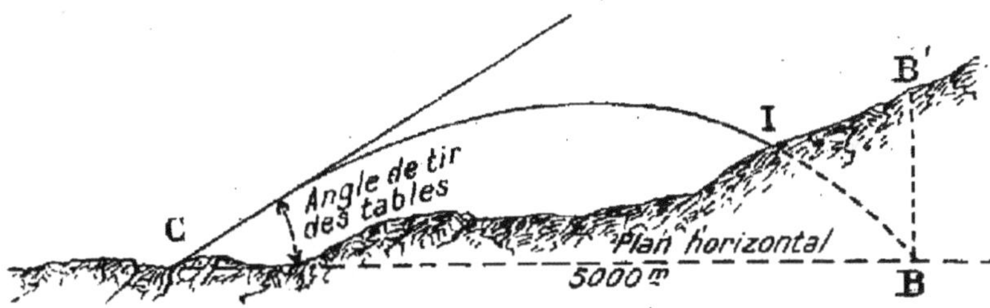

Fig. 49.

Supposons d'abord qu'il soit plus élevé, et que, par exemple, il se trouve en B' (*fig.* 49), la distance canon-but étant 5 kilomètres. Si nous prenons la table de tir

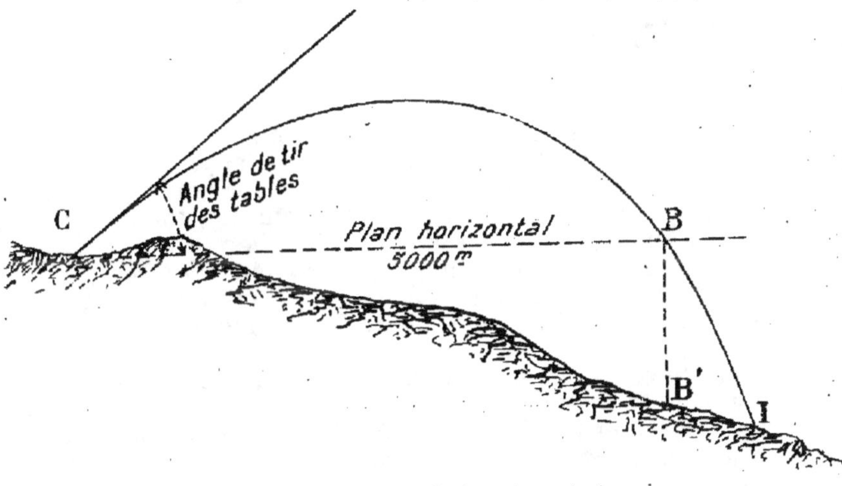

Fig. 50.

et si nous donnons au canon l'inclinaison marquée par cette table, la trajectoire correspondante amènera l'obus en B, à 5.000 mètres, sur le même plan. Mais cette trajectoire rencontre le sol en un point I, situé à moins de 5.000 mètres. Le tir est donc trop court, et l'on voit qu'un but plus élevé que la pièce nous amène, si on ne s'en tient qu'aux tables de tir, à un tir trop court.

Dans le deuxième cas, le but sera supposé moins élevé; on verra, d'une façon analogue, que le tir est alors trop long (*fig. 50*).

Il faut conclure que l'angle de tir employé seul ne donnerait pas satisfaction. Dans le cas du but plus élevé, pour atteindre l'objectif, il faut relever l'axe du canon; dans l'autre cas, il faut l'abaisser.

L'expérience montre que la correction à faire dans les deux cas — en plus dans le premier, en moins dans le second — est égale à ce qu'on appelle l'angle de site défini comme suit :

On appelle *angle de site l'angle formé par le plan horizontal et la ligne droite qui joint le canon au but. Cet angle est dit positif si le but est plus élevé que le canon, négatif si le but est moins élevé que le canon.*

Sur la figure 50, l'angle de site est négatif. C'est l'angle B C B'.

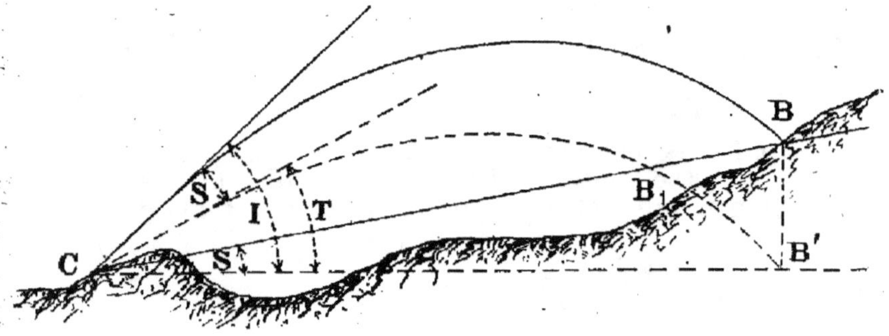

Fig. 51.

Supposons que nous tirions sur un but B plus élevé (*fig. 51*). Si on ne tient pas compte de l'angle de site, l'obus, qui tend à rencontrer le plan horizontal à la distance donnée (5 kilomètres par exemple), touche le sol au point B, où il éclate. Pour toucher le point B, il faut augmenter l'inclinaison du canon d'un angle égal à l'angle B C B', de sorte que l'inclinaison I du canon soit égale à l'angle de tir T, augmenté de l'angle de site S.

Dans le cas d'un but moins élevé, on aurait : I = T — S.

De sorte que la formule générale de l'inclinaison à donner au canon est I = T $\pm$ S.

Ex. : T = 12°,21'.

S = — 11'.

Nous aurons : I = 12°,21' — 11' = 12°,10'.

Correction complémentaire d'angle de site.

La formule précédente ne serait exacte que si l'on admettait que la trajectoire ne se déforme pas quand on élève l'axe du canon (hypothèse de la rigidité de la trajectoire). Il n'en est pas tout à fait ainsi, et ce n'est que pour les angles de tir inférieurs à 10° que la formule $I = T \pm S$ est suffisamment rigoureuse.

Quand l'angle de tir T est supérieur à 10°, il y a lieu de tenir compte d'une nouvelle correction, appelée correction complémentaire d'angle de site. Cette correction est donnée par les tables de tir aux tableaux III et III *bis* (voir précédemment) de demi-degré en demi-degré, et il est à remarquer qu'elle n'est pas la même pour un angle de tir déterminé et un angle de site donné, dans le cas où ce dernier est positif et dans le cas où il est négatif.

Quand l'angle de site est positif, la correction complémentaire est positive, négative dans le cas inverse. La formule plus générale de l'inclinaison du canon devient alors :

$$I = T \pm (S + C)$$

Pour trouver la valeur de la correction complémentaire, on prend les tableaux III et III *bis* relatifs, le premier au but plus élevé, le deuxième, au but moins élevé que la pièce. La première colonne est relative à l'angle de site, la première ligne est relative à l'angle de tir. La correction à faire est indiquée au croisement de la ligne et de la colonne choisies.

En général, les préparations de tir se faisant par la carte (plan directeur), pour connaître la valeur de l'angle de site, il suffit de chercher l'élévation, au-dessus du niveau de la mer, du but et du canon : c'est la « cote » de ces points.

En plus, on aura à connaître la distance qui sépare ces deux points; on évalue la différence de niveau en mètres et la distance en kilomètres; l'angle de site est donné en millièmes et, dans la pratique des pièces modernes, les angles de site s'évaluent toujours en millièmes (75, 155 C. T. R., 105 L., 155 S. mod. 1915).

Ex. : le canon est à la cote 80, le but à la cote 130, la distance est 5 kilomètres; l'angle de site sera :

$$S = \frac{130 - 80}{5} = +10.$$

On mettra le signe +, car le but est plus élevé que le canon. Quand la préparation du tir ne se fait pas au moyen d'une carte, on calcule l'angle de site au moyen de formules.

Dans les pièces modernes le pointeur marque à part la hausse (angle de tir) et l'angle de site. L'angle de site qu'on lui annonce est la somme de l'angle de site et de la correction complémentaire (ex. : 105 L.).

Les tables ne donnant pas la correction complémentaire en millièmes, on sera obligé de transformer d'abord l'angle de site trouvé en millièmes en minutes pour pouvoir se servir de la table, puis de transformer en millièmes la correction donnée en minutes par la table.

Les calculs se font assez rapidement si on se rappelle qu'un millième vaut à peu près 3 minutes.

Remarque. — Quand on donne la hausse en vingtièmes, et qu'on a l'angle de site en millièmes, ainsi que sa correction, on ne commet pas une erreur appréciable en additionnant les vingtièmes de hausse aux millièmes de site, car un petit angle est exprimé à peu près par le même nombre, en millièmes ou en vingtièmes.

Ex. : T = 540 V.

S = + 15 millièmes.

On pourrait annoncer : I = 540 + 15 = 555 vingtièmes. L'erreur commise n'est pas bien grande, car 15 millièmes de 75 valent 16,8 vingtièmes.

CHAPITRE IX.

Dérivation.

Nous avons admis jusqu'ici que la courbe que décrit l'obus dans l'espace est une courbe plane, c'est-à-dire susceptible d'être contenue dans un plan, et que, de plus, ce plan est un plan vertical.

Il n'en est pas rigoureusement ainsi, et la rotation des obus sur eux-mêmes, en raison des rayures, a pour effet de porter les obus vers la droite ou vers la gauche. La trajectoire reste une courbe plane, mais le plan de tir, au lieu d'être un plan vertical, est légèrement incliné sur la verticale. Il contient encore l'axe du canon indéfiniment prolongé, et son inclinaison sur la verticale, généralement très faible, est appelée, en artillerie, γ (gamma).

Quand le canon est rayé à droite, c'est-à-dire dans le même sens qu'un tire-bouchon, l'obus se déplace vers la droite; vers la gauche, dans le cas contraire. Toutes les pièces modernes sont rayées à droite; seule la pièce de 95 est rayée à gauche, ainsi que d'autres pièces non employées en artillerie lourde.

Ce phénomène porte le nom de dérivation, et on constate :

1° Que la dérivation latérale, exprimée en mètres, augmente avec la portée;

2° Que, si la portée est double, la dérivation devient plus que double.

Le schéma ci-après indique les points de chute des différents obus tirés sur un plan horizontal à des hausses de plus en plus grandes (105 L.).

La dérivation se mesure en angle. Ainsi, pour le point B, la dérivation est l'angle B′ C B, formé par le point de chute de l'obus d'un canon sans rayures, le canon et le point de chute de l'obus d'un canon avec rayures. Cet angle s'exprime généralement en millièmes, et, dans les tables de tir, il est indiqué sous la rubrique « dérive ».

Ex. : 105 L. mod. 1913 :

A 3.000 mètres, dérivation : $0^{mm},66$;

A 7.000 mètres, dérivation : $3^{mm},14$;

A 12.000 mètres, dérivation : $16^{mm},08$.

(Obus explosif.)

155 C. T. R., charge 0, à 6.200, dérivation 19 décigrades.

Qu'y a-t-il à faire pour corriger la dérivation?

Prenons le 105 L., tirant à 12 kilomètres. Si on ne corrige pas la dérivation, l'obus tombe 16^{mm},08 trop à droite. Pour ramener l'obus au but, il faut porter le canon à gauche de 16 millièmes, c'est-à-dire « diminuer de 16 millièmes ».

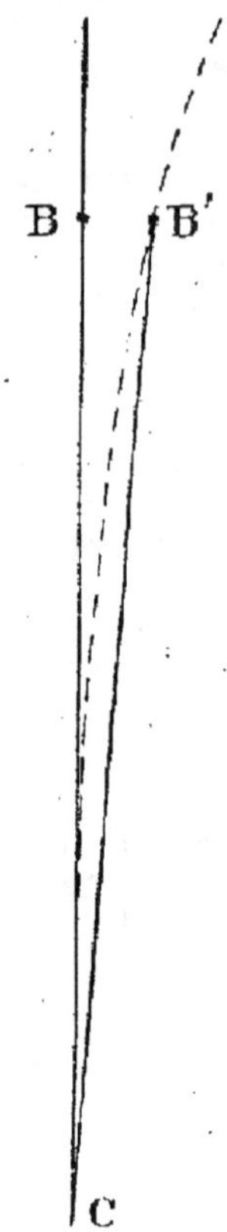

Fig. 52.

Les tables de tir indiquent généralement les dérives précédées du signe + ou du signe —.

Ex. : 105 L. tirant à 6.100 mètres l'obus à balles. Si on a :

Dérive théorique $D_T = 2.853$.

La dérive marquée D_M sera : $2853 + 3.000 — 2 = 5.851$.

La dérivation est une liaison entre le pointage en hauteur et le pointage en direction qui cessent d'être indépendants.

CHAPITRE X.

Moyens employés pour réaliser pratiquement le pointage en direction.

Quand la dérive a été donnée au pointeur et que celui-ci l'a marquée, c'est sur ses indications que les servants désignés se portent à la crosse et déplacent celle-ci vers la droite ou vers la gauche. Pour les anciennes pièces, où c'est le seul mode de réalisation possible pour le pointage, le soin que le pointeur doit apporter à finir son pointage est primordial. Il faut qu'il agisse en parfait accord avec son aide, pour que le tir soit absolument correct (95, 120 long, etc.).

Ce mode de pointage est long, difficile à rectifier, et, quand on a de petits déplacements à faire en direction, il faut chaque fois déplacer la crosse; c'est pour-

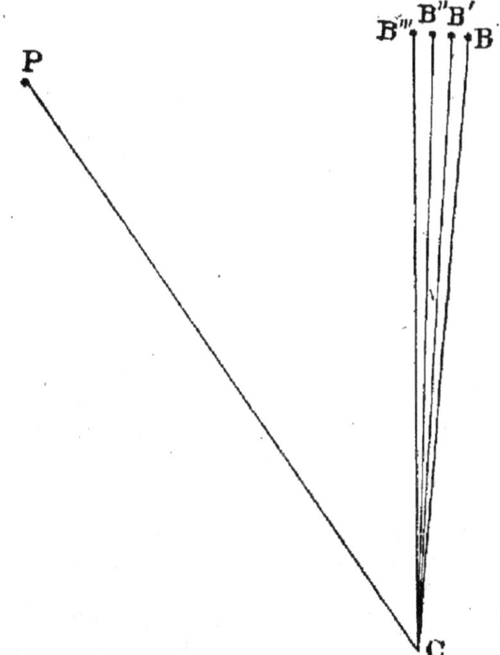

FIG. 53.

quoi le tir de fauchage, enseigné à l'école de la pièce, est particulièrement pénible avec les pièces anciennes, alors que les pièces modernes permettent de l'exécuter avec une grande rapidité.

Le fauchage, rappelons-le, consiste en un déplacement de la pièce préalablement pointée sur un but B, sur lequel un coup est d'abord tiré et d'une même quantité vers la droite ou vers la gauche, après chaque coup de canon. On obtient alors des points de chute d'obus régulièrement espacés, B, B', B'', B'''. Après chaque coup, il faut dépointer la pièce, toucher à l'appareil de pointage pour augmenter ou diminuer la dérive et repointer ensuite, opération très longue.

Dans les pièces modernes et en particulier dans le 75, qui est le premier canon permettant de faire un fauchage rapide, le mode de pointage adopté donne des résultats plus immédiats. Nous allons examiner quels sont ces modes de pointage.

Réalisation du pointage en direction dans les pièces modernes.

Les pièces modernes (75, 105 L., 155 C. S., 155 C. T. R.) sont munies d'une bèche de crosse, fixe comme dans le 75, ou mobile comme dans le 105 L. ou le 155 C. S. Quand le pointeur a reçu la dérive et marqué celle-ci sur l'appareil de pointage, il opère d'abord comme dans les anciennes pièces, c'est-à-dire qu'il pointe par déplacement de la crosse. Il est inutile que le pointage soit parfaitement terminé, car le pointeur a à sa disposition un volant de pointage en direction qui, au moyen d'un système d'engrenages, oblige l'affût à coulisser sur l'essieu maintenu par les roues, vers la droite ou vers la gauche, suivant qu'on tourne le volant dans un sens ou dans l'autre.

On peut donc arriver à faire un pointage absolument exact; mais il ne faut pas perdre de vue que le premier pointage dégrossissant doit être cependant assez exact pour que la pièce ne s'écarte pas trop du milieu de son essieu. Si la pièce était, par exemple, trop à gauche, comme, au moment du départ du coup, il se produirait une réaction verticale sur l'essieu, la roue de gauche souffrirait plus que celle de droite, et tendrait à s'enfoncer davantage dans le sol.

Ce système de coulissement permet de réaliser le fauchage d'une façon parfaite. Supposons que le premier obus tiré soit tombé en B. Donnons vers la gauche un certain nombre de tours de volant, sans nous occuper de l'appareil de pointage. Tirons un nouvel obus qui viendra en B'. Donnons le même nombre de tours de volant vers la gauche et sans nous occuper encore de l'appareil de pointage, l'obus viendra en B'', etc.

Il suffit donc, entre chaque coup, de tourner d'un

nombre égal de tours de volant de pointage en direction; la pièce tourne autour de sa bêche de crosse et le pointeur seul réalise le fauchage qui est extrême-

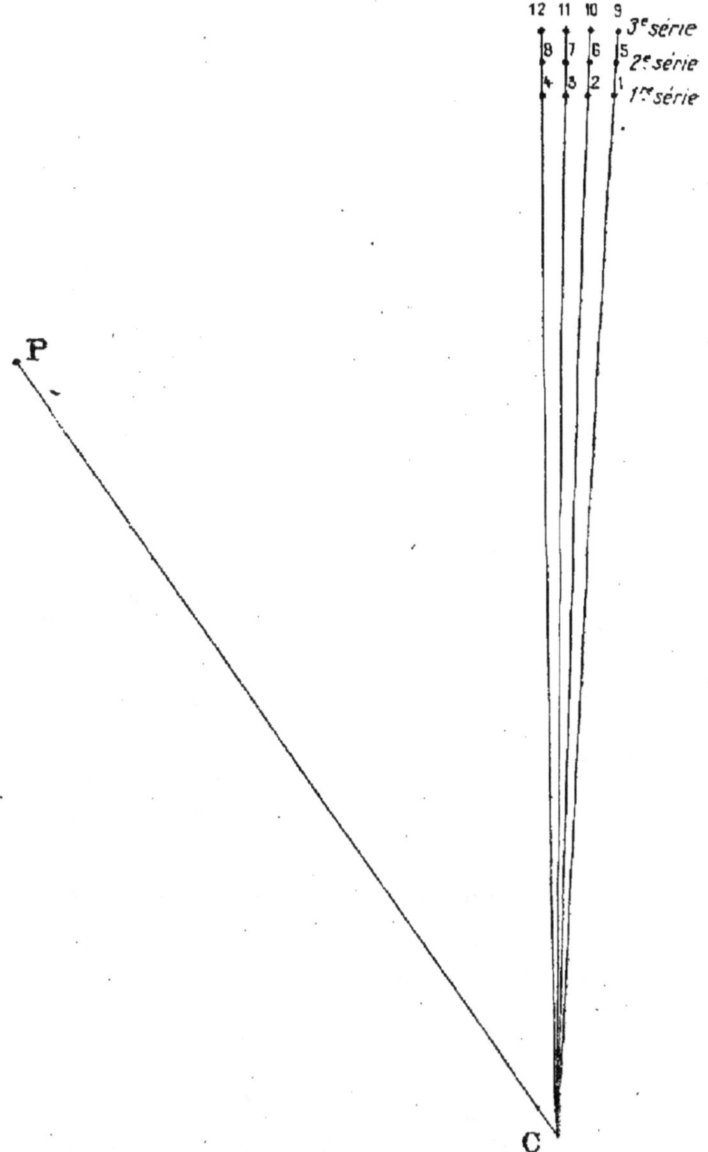

Fig. 54.

ment rapide. Quand le nombre de tours de volant convenable est donné, le pointeur commande : « Prêt », et le tireur met le feu à son indication.

Dans le canon de 155 C. S. le fauchage s'effectue en le comptant par tours de volant.

Après le premier coup, le pointeur cesse de pointer et donne le nombre de tours prescrit vers la droite ou vers la gauche.

Pour indiquer le nombre de coups qui doit être tiré, on commande : « Par tant », par exemple : « Par quatre. »

Quand la pièce a, en fauchant, tiré le nombre de coups prescrits, le pointeur n'exécute aucun mouvement. Au commandement : « Pointez », il repointe sa pièce et donne, en sens contraire, un nombre de tours égal à la somme de ceux donnés dans le fauchage. Théoriquement, la ligne de foi doit repasser par le point de repérage.

S'il n'en est pas tout à fait ainsi, le pointeur donne quelques fractions de tour de volant en plus ou en moins, pour corriger l'écart.

Si on veut fixer la pièce à une position quelconque du fauchage, on commandera à ce moment : « Repérez. »

Le pointeur repère alors sa pièce dans la position où elle se trouve, et annonce la nouvelle dérive de repérage.

Pour battre une zone en profondeur, après le dernier coup du fauchage (coup n° 4 dans le présent exemple), on commande une hausse plus grande et on ajoute : « Par tant fauchez. »

L'opération se fait comme précédemment, mais alors le fauchage a lieu vers la droite et les coups arriveront aux points 5, 6, 7, 8.

Après le huitième coup, la pièce doit se trouver pointée. Si on annonce une nouvelle hausse et : « A gauche, par tant fauchez », le fauchage a lieu, pour cette première série, vers la gauche.

Mécanismes de pointage en direction.

Supposons qu'une vis placée horizontalement traverse un écrou immobile, qui ne peut se déplacer ni

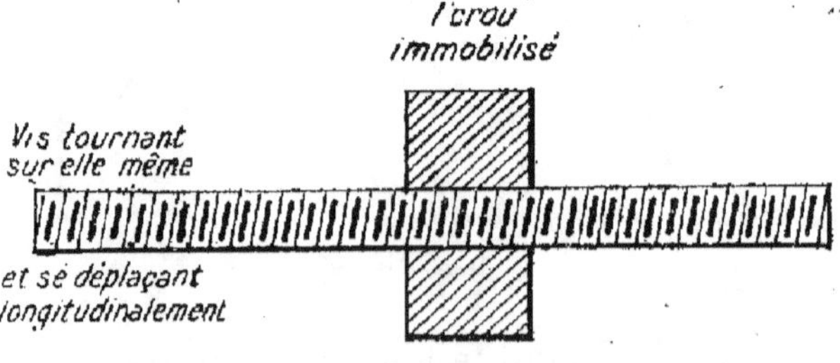

Fig. 55.

vers la droite ni vers la gauche, ni tourner sur lui-même. Si on imprime un mouvement de rotation à la

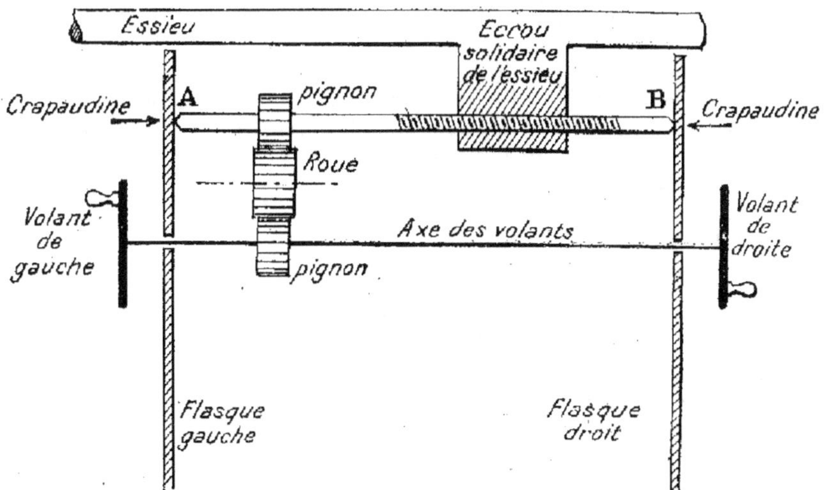

FIG. 56.

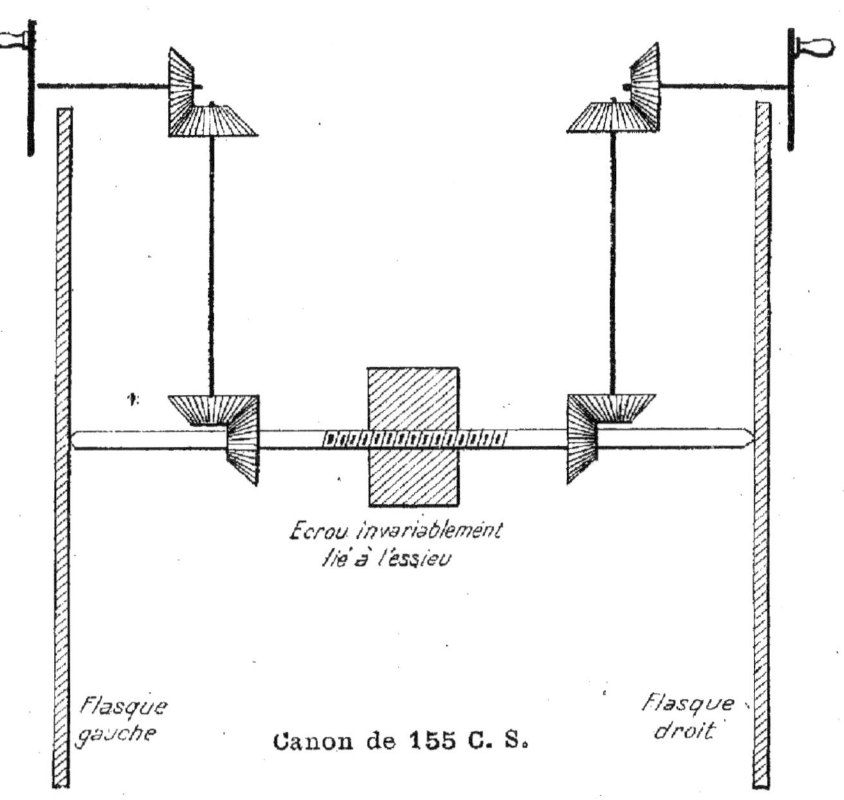

Canon de 155 C. S.

FIG. 57.

vis, celle-ci est obligée de se déplacer, en tournant vers la droite ou vers la gauche, suivant le sens de la rotation de la vis.

C'est le principe du mécanisme de pointage en direction des pièces modernes. Les différents dessins qui existent dans les règlements (155 S., 105 L.) donnent une idée très exacte de la disposition des mécanismes (105, p. 3; 155 S., *fig.* 10). Il est à remarquer que l'on arriverait au même résultat si on faisait tourner l'écrou sur lui-même en empêchant la vis de tourner.

105 L. — Le volant de pointage en direction est muni d'un axe à pignon d'engrenage. Ce pignon engrène avec une roue dentée, qui commande à son tour un deuxième pignon. Celui-ci fait tourner un axe fileté; un écrou fixé à l'essieu est traversé par ce dernier axe; comme l'essieu est immobile, l'écrou l'est également.

La vis avance ou recule donc dans l'écrou et entraîne vers la droite ou vers la gauche l'affût de la pièce. Aux points A et B se trouvent deux butées ou crapaudines en bout d'axe, et ce sont ces butées qui poussent l'affût vers la droite ou vers la gauche.

155 C. S. — Même principe pour le 155 C. S.

CHAPITRE XI.

Moyens employés pour réaliser pratiquement le pointage en hauteur.

Pour le pointage en hauteur, nous avons à tenir compte de l'angle de tir, de l'angle de site, de la correction complémentaire d'angle de site. Nous ne nous occuperons pas, pour le moment, de la **correction de température et de pression**, ni de la correction due au **vent longitudinal**.

Nous examinerons trois méthodes de pointage en hauteur se rattachant :

1° Aux anciens canons et accessoirement aux canons modernes (emploi du niveau, mod. 1888);

2° Aux canons de 75 et de 155 C. T. R. (emploi du berceau);

3° Aux canons du Creusot (emploi de l'appareil de pointage à renversement et du niveau du site qui y est rattaché).

1° Pointage en hauteur dans les anciens canons.

Dans les anciens canons, on annonce au pointeur un angle qui est la somme algébrique (somme ou différence) de tous les angles envisagés au début de ce chapitre (angle de tir, angle de site, corrections).

Ce résultat s'annonce : « angle tant de degrés, tant de minutes ». Le pointeur marque, sur son niveau modèle 1888, l'angle annoncé, place le niveau sur les facettes du canon, la flèche « direction du but » étant choisie du côté où on lit l'angle commandé, et étant placée la pointe du côté du but.

FACETTES.

Les facettes sont constituées par deux pièces de métal rapportées et incrustées dans la génératrice supérieure extérieure du canon et au-dessus de la vis de culasse.

Par construction, le plan formé par les deux facettes (plan $x\,y$, *fig.* 58) est rigoureusement parallèle à l'axe du canon. On voit déjà qu'il faut s'abstenir d'une façon complète de frapper sur les facettes; on ne doit pas non plus, pour les entretenir en état de propreté, les frotter au sable, à l'émeri, etc.

Si on donne à la ligne des facettes une inclinaison quelconque par rapport à l'horizontale H, l'axe du canon aura la même inclinaison. Le problème revient donc à rendre la ligne des facettes inclinée de la va-

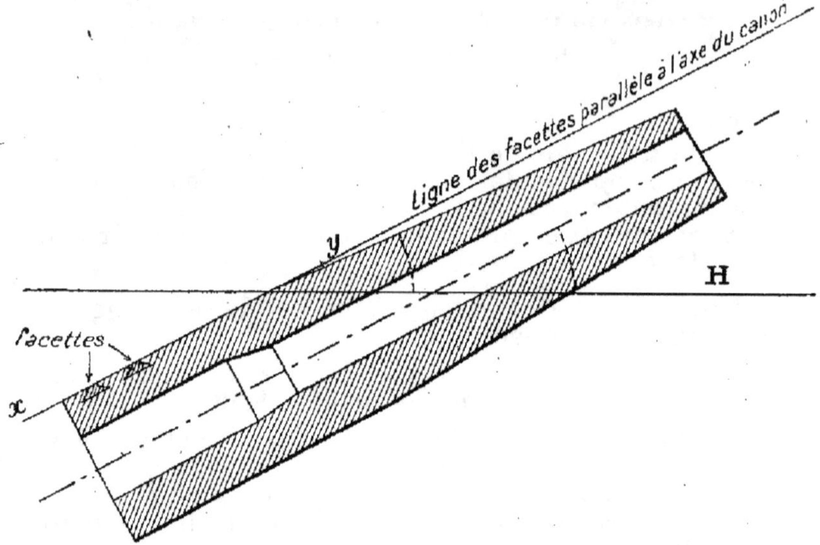

Fig. 58.

leur annoncée sur le plan horizontal. Les talons du niveau étant en contact avec les facettes, il suffira de donner à ces talons l'inclinaison demandée. Le problème est ramené à démontrer qu'en marquant un angle au niveau et en ramenant la bulle entre ses repères, la ligne des facettes est inclinée sur l'horizontale de l'angle marqué.

NIVEAU MODÈLE 1888 ET MODÈLE 1888-1900.

Pour la description, se reporter au règlement de manœuvre de l'artillerie à pied, service des bouches à feu de siège et de place.

La réglette n'est pas rectiligne, mais elle est incurvée de telle façon que sa convexité affecte la forme du dessin ci-après (*fig.* 59), qui montre, en l'exagérant, la forme de la courbure de la tige.

La tige est une portion d'arc de cercle (jante de roue) entre les divisions 0′ et 60′.

Les rayons de la jante, en ces points, forment entre eux un angle de 60 minutes, donc le curseur porte-fiole, en glissant le long de l'oreillette, se relève progressivement, et le relèvement total atteint un degré.

Par construction, lorsqu'on fait marquer à l'appareil le nombre 0°,0′ et qu'on ramène la bulle du niveau entre ses repères, la ligne des talons est parfaitement horizontale.

Si on marque la division 1°,0' et qu'on ramène la bulle entre ses repères, la ligne des semelles fait avec

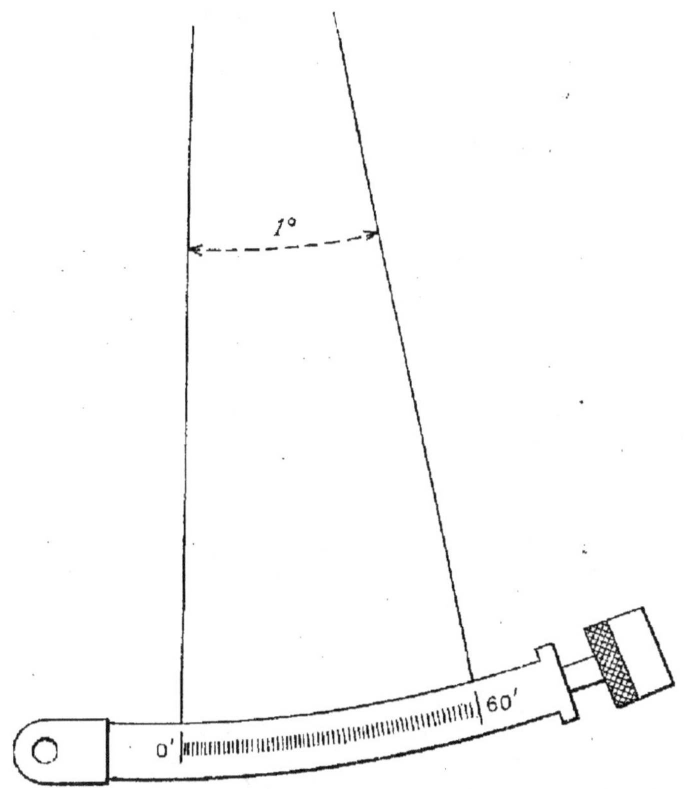

Réglette du niveau modèle 1888-1900.

Fig. 59.

l'horizontale un angle de 1 degré. Si on ajoute une inclinaison partielle du niveau, en déplaçant le curseur d'un certain nombre de divisions sur la réglette, l'inclinaison de la ligne des semelles est égale, lorsque la bulle est remise entre ses repères, à la somme des degrés et des minutes marqués.

Une des faces du niveau est employée pour des angles de tir compris entre 0° et 45°, l'autre pour les angles supérieurs à 45°.

MIROIR DE NIVEAU.

Les pièces à grande hauteur de genouillère (120 L., 155 L.) se prêtent mal à la mise en place du niveau sur les facettes. Cette opération, faite entre chaque coup de canon, serait longue et ralentirait le tir. On emploie alors le niveau modèle 1888-1900 (voir Règlement), qui se place sur un support spécial boulonné au tourillon droit. Comme le niveau est encore à grande hauteur, un miroir spécial amovible permet de voir quand la bulle est entre ses repères, sans nécessiter l'escalade de la pièce entre chaque coup de canon.

Le niveau modèle 1888 ou modèle 1888-1900 étant gradué en minutes, donne comme précision le 54.000^e d'angle droit. Pour les tirs de précision, son emploi sera indiqué, de préférence à celui des hausses graduées en mètres que nous étudierons plus loin.

C'est pourquoi les canons modernes (105 L., 155 C. S.) ont, dans leurs armements, des niveaux modèle 1888.

2° Pointage en hauteur des canons munis d'un berceau et d'une hausse indépendante.

CANONS DE 75 ET DE 155 C. T. R.

Dans ces canons, le pointeur reçoit l'angle de site et sa correction totalisés, et le tireur reçoit la hausse exprimée en mètres. Le commandement est: « Angle de site tant, hausse tant de mètres. » Le pointeur marque l'angle de site au moyen du bouton de site; il ramène ensuite entre ses repères la bulle du niveau longitudinal qu'il a sous les yeux. Le tireur manœuvre la manivelle de hausse jusqu'au moment où le nombre indiqué en mètres se trouve vis-à-vis du trait de repère.

DESCRIPTION.

Dans le canon de 75, l'affût, muni de sa bêche et de son système de coulissement en direction, repose sur l'essieu; la bêche est fixe. A la partie supérieure de l'affût se trouvent, comme dans tous les canons, les supports de tourillons de berceau, formés d'une demi-cylindre creux. Les tourillons de berceau supportent une pièce allongée en forme de gouttière, nommée berceau. Le berceau est placé à l'intérieur de l'affût et un secteur denté est invariablement fixé à ce berceau à sa partie inférieure.

Ce secteur engrène avec un pignon commandé par le volant de site (qui se trouve à la gauche de la pièce du côté du pointeur).

Le canon lui-même et son frein reposent, par les tourillons, sur les tourillons creux du berceau (dans ce canon, c'est au frein que sont fixés les tourillons et non pas au tube).

Une vis de pointage se trouve sous la culasse de la pièce; elle est reliée au berceau et pénètre dans un manchon fileté tournant, manœuvré par la manivelle de hausse. Le manchon est fixé après le canon et, à mesure qu'on le fait tourner, fait monter ou descendre le frein et le tube par rapport au berceau.

Tourillon de frein
Tube
Frein
Manivelle de hausse
Manchon fileté tournant
Berceau
R
Volant de site
Demi-bagues du berceau
Affût

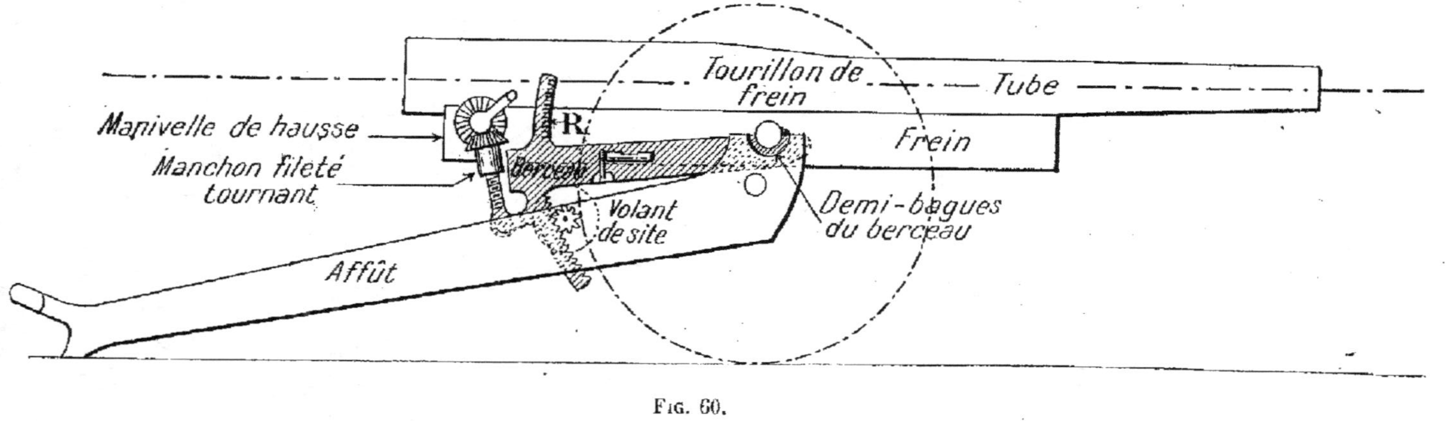

Fig. 60.

Quand on manœuvre le volant de site seulement, le berceau et le canon, qui restent solidaires, puisqu'on ne touche pas à la hausse, montent du même angle.

Quand on manœuvre la manivelle seulement, le canon seul bouge et le berceau reste immobile.

Sur la gauche du berceau est fixé un niveau, et sur la droite un petit axe de cercle portant des graduations en mètres. Au frein est fixé un repère R, qui fait face à cet arc de cercle.

Quand on manœuvre le volant de site, le repère ne bouge pas par rapport à la graduation.

Quand on manœuvre la hausse, le repère monte ou descend sur la graduation.

Pour mettre la bulle du niveau entre ses repères, il faut agir sur le volant de site.

Par construction, lorsque la bulle est entre ses repères, et que la graduation de l'arc de hausse marque zéro, le canon est horizontal. L'arc denté pourrait être gradué en angle de tir, de degré en degré, par exemple; mais, comme le 75 est à charge unique, et qu'à un angle de tir ne correspond qu'une seule distance, au lieu de graduer en angle de tir, on a gradué l'arc de cercle en distances exprimées en mètres. De sorte que, pour donner, dans n'importe quel terrain, l'inclinaison voulue pour tirer à 4.500 mètres par exemple, il suffit :

1º De ramener la bulle entre ses repères avec le volant de site;

2º De faire marquer au secteur de hausse la distance 4.500 mètres au moyen de la manivelle de hausse.

Dans ce qui précède, nous avons supposé que l'angle de site était 0. Si l'angle de site était +5 par exemple, l'inclinaison du canon serait insuffisante de 5 millièmes. Pour corriger cette insuffisance, on a imaginé le dispositif suivant :

Le niveau, au lieu d'être fixé au berceau, peut basculer autour d'un axe, et on le commande au moyen d'une vis à oreilles.

Si nous faisons monter le niveau de 5 millièmes, pour ramener la bulle entre ses repères, il faut donner au berceau un supplément d'abaissement de 5 millièmes. L'inclinaison du canon sera de 5 millièmes en plus de l'angle de tir, et on aura :

$$I = T + S.$$

Tout cet ensemble d'appareils permet, quand on connaît S et la distance en mètres, de donner immédiatement au canon l'inclinaison voulue.

155 C. T. R. — Dans le 155 C. T. R. l'organisation du berceau et de la hausse répond au même principe, mais diffère dans l'exécution.

On distingue encore un volant de site, un bouton de site et une manivelle de hausse.

Le secteur gradué présente une plus grande importance et porte en gravure un extrait de la table de tir pour l'obus explosif et l'obus à mitraille.

On distingue également une graduation en vingtièmes.

3° Canons des usines Schneider, du Creusot.

Dans ces canons, le pointeur reçoit, comme dans le 75, l'angle de site en millièmes et la hausse en mètres ou quelquefois en vingtièmes; il marque l'angle de site avec le bouton de site et, pour marquer la hausse, il saisit la colonne d'appareil de pointage de la main droite et, après l'avoir désembrayé en appuyant de la main gauche sur le levier de désembrayage, il le renverse vers l'avant jusqu'au moment où le nombre donné en mètres ou en vingtièmes, qu'il lit sur une graduation, apparaît vis-à-vis d'un index. Il lâche le levier de désembrayage et finit avec plus d'exactitude de marquer la distance donnée en faisant manœuvrer le tambour moleté. (Remarquons qu'on peut marquer directement avec le tambour moleté, mais l'opération demande beaucoup de temps.)

Pour exécuter le pointage, il suffit d'agir sur le volant de pointage en hauteur jusqu'au moment où la bulle du niveau longitudinal revient entre ses repères; on voit ici qu'il suffit d'un seul mouvement du volant pour exécuter la totalité du pointage.

DESCRIPTION ET THÉORIE DE L'APPAREIL.

L'affût est analogue à celui des 75 (à coulissement); sur les supports de tourillons reposent les tourillons eux-mêmes, qui sont reliés à un *châssis*, sorte de gouttière allongée régnant sous le tube. Un secteur denté, solidaire du châssis, engrène avec un pignon commandé par le volant de pointage en hauteur.

Le canon et son frein reposent sur le châssis par l'intermédiaire d'une glissière nommée *traineau*.

Cette glissière, invariablement liée au canon, peut se déplacer longitudinalement sur le châssis, mais ne peut ni monter ni descendre, par rapport à celui-ci. Le canon a donc toujours la même inclinaison que le châssis.

Sur le tourillon gauche du châssis est clavetée une pièce que nous appellerons « support articulé d'appareil de pointage ».

Quand le châssis prend une inclinaison, le support d'appareil de pointage, qui lui est invariablement lié, prend la même inclinaison.

A la partie antérieure du support se trouve une articulation A, commandée par le tambour moleté et munie d'un système de désembrayage, que, pour la clarté du dessin, nous ne figurons pas (*fig.* 61).

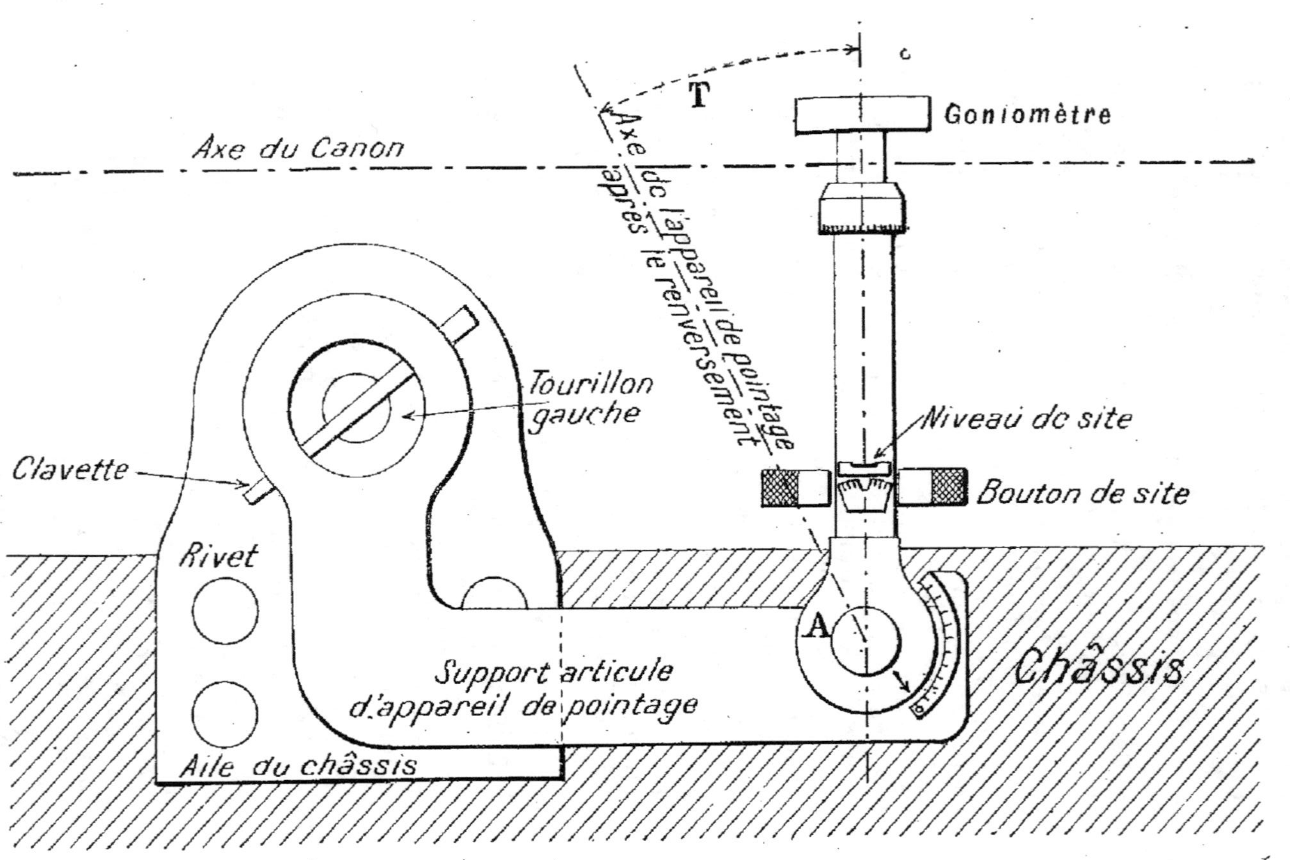

Axe du Canon
Goniomètre
T
Axe de l'appareil de pointage après le renversement
Tourillon gauche
Niveau de site
Bouton de site
Clavette
Rivet
A
Support articulé d'appareil de pointage
Aile du châssis
Châssis
FIG. 61.

Sur l'appareil de pointage est un index qui se meut vis-à-vis d'une graduation en mètres ou en vingtièmes fixée au support. (Dans les canons récents, la graduation en mètres est supprimée.)

Par construction, lorsque le bouton de site marque zéro, que la graduation de hausse marque zéro et que la bulle du niveau longitudinal est entre ses repères, le canon est horizontal.

Quand on renverse l'appareil de pointage pour marquer une hausse, cet appareil prend, par rapport à la verticale, une inclinaison qui est précisément égale à l'angle de tir pour la distance considérée. Le niveau est donc, par rapport à la position de construction envisagée plus haut, renversé d'une quantité égale à l'angle de tir. Pour ramener la bulle entre ses repères, on agira sur le volant de pointage en hauteur, et on renversera le châssis en sens inverse, d'une quantité égale à celle dont on aura écarté la colonne d'appareil de pointage de la verticale, c'est-à-dire qu'on le renversera de l'angle de tir.

Dans ces conditions, l'axe du canon remonte vers l'avant et prend une inclinaison égale à l'angle de tir. Quand on marque un angle de site positif, on renverse vers l'avant le niveau longitudinal de la quantité prescrite. Ceci a pour effet de donner au canon un supplément d'inclinaison lorsque, avec le volant de pointage en hauteur, on ramènera la bulle entre ses repères; de sorte que la formule :

$$I = T + S$$

sera satisfaite.

Dans le canon de 105 L. les graduations de la hausse, au lieu d'être fixes comme nous l'avons admis, subissent un mouvement d'amplification, et la précision dans la lecture s'en trouve augmentée. Dans l'appareil de 155 S. le mouvement est également amplifié, mais il existe plusieurs secteurs de hausse correspondant aux charges différentes et en plus une graduation en vingtièmes.

Au commandement : « Charge tant », le pointeur agit sur le taquet d'arrêt de l'écran des vitesses et découvre la fenêtre correspondant à la charge. C'est à l'index de cette fenêtre qu'il marque la hausse. Il ne peut être découvert qu'une fenêtre à la fois.

Dans les pièces de construction plus récente, on a supprimé la hausse en mètres et seule subsiste la graduation en vingtièmes.

CHAPITRE XII.

Freins et récupérateurs.

Dans l'ancienne artillerie le retour en batterie des pièces était assuré par des moyens divers. Quelquefois on faisait appel, pour le retour en batterie, à la force musculaire des servants qui, dès le coup tiré, se précipitaient aux roues pour faire avancer la pièce (80, 90, 95).

Le grand inconvénient était, évidemment, le dépointage considérable de la pièce à chaque coup.

On a amélioré le mode de retour en batterie et on est arrivé progressivement aux récupérateurs actuels.

De même était-il nécessaire de freiner le recul de la pièce, parce qu'au moment du départ du coup, si le canon avait pu rouler librement, le recul aurait été trop considérable. Ce freinage se faisait, soit au moyen de cordes enroulées autour du moyeu des roues, comme dans le canon de 90, soit encore au moyen de sabots d'enrayage, comme dans le canon de 95.

On a imaginé, pour les pièces de siège (aménagées pour l'artillerie lourde), de les freiner en les faisant monter sur un plan incliné; c'est le poids de la pièce qui la fait redescendre et lui fait reprendre sa place. On voit déjà que ce système assure automatiquement le freinage et la récupération, et convient pour l'usage des roues garnies de ceintures (cingolis).

Avec ce système, le dépointage existe encore, mais il est réduit au minimum.

Freins hydrauliques et hydropneumatiques.

Vers la fin du siècle dernier, on a eu l'idée d'employer comme récupérateur l'air comprimé. On sait, en effet, que, si l'on comprime une masse d'air pour faire diminuer son volume, cette masse d'air acquiert une pression d'autant plus grande que son volume est plus réduit. Cette pression pourra donc être employée pour faire revenir la pièce en batterie.

Le freinage, destiné à absorber le recul de la pièce, est en partie réalisé par la compression de l'air. Ceci serait insuffisant, parce qu'au début du mouvement, la pression ne serait pas la plus forte et la pièce reculerait avec une vitesse trop grande. On a constitué un système de freinage plus puissant en obligeant une masse de liquide à traverser un orifice très petit (marquée en O, *fig.* 62). De sorte que, dans les canons à frein hydropneumatique, nous distinguerons :

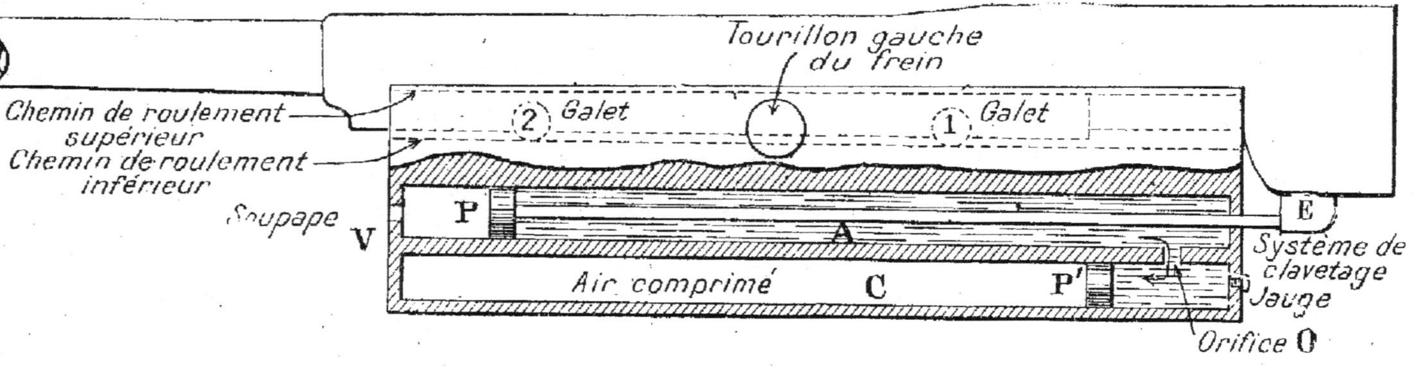

Figure schématique montrant l'agencement du frein hydropneumatique du canon de 75, modèle 1897.

Fig. 62,

a) Une masse d'air qui est comprimée;
b) Une masse de liquide qui est chassée à travers un orifice étroit.

Il est à remarquer qu'au retour en batterie, pour empêcher une détente trop brusque de l'air qui communiquerait un mouvement trop rapide aux tubes, on pourra freiner le mouvement en obligeant le liquide à traverser à nouveau l'orifice O.

Tout choc violent est alors évité.

Agencement des canons munis de freins hydropneumatiques.

Les tourillons ne peuvent plus faire partie intégrante du tube, parce que l'affût serait obligé de reculer en même temps que celui-ci. Les tourillons font donc partie, soit du frein, comme dans le 75, soit du châssis, comme dans les pièces du Creusot, et les tubes reculent sur le frein ou sur le châssis.

Frein du canon de 75.

L'affût est muni d'une bêche fixe, et le frein, avec ses tourillons, est commandé en hauteur par la manivelle de hausse. Au-dessus du frein se trouve un chemin de roulement; le tube peut se déplacer longitudinalement et est muni de galets.

Sous la culasse est un organe de clavetage de la tige du piston. Cette tige entre dans le frein et se termine par le piston lui-même. Entre la tige et le cylindre est un liquide incongelable, qui remplit tout l'espace libre et une partie d'un second cylindre adjacent.

Lorsque la pièce recule elle entraîne la tige et le piston. Le liquide, chassé par le piston, traverse l'orifice O, et tend à remplir le second cylindre. Il pousse un deuxième piston P' qui, lui, comprime une masse d'air contenue dans l'espace C. Quand l'air a une pression suffisante, le tube cesse de reculer, et l'air se détendant pousse en sens contraire le piston P', qui oblige le liquide à rentrer dans le cylindre A en poussant vers l'avant le piston P, dont la tige ramène le tube en batterie. Le retour se fait avec douceur, parce que le liquide est obligé de traverser à nouveau l'orifice O.

En résumé, dans le 75, le tube et le piston reculent, et le frein ne recule pas. On comprend aisément que le système de l'affût et des roues n'ayant pas bougé, le canon n'est pas dépointé.

DÉTAIL DE CONSTRUCTION.

La pression, à l'intérieur du frein, étant très considérable, les joints doivent être très bien faits; les joints du piston P sont particulièrement soignés. Le presse-étoupe E doit être exempt de fuites, de même que le piston P'. Au moment du recul, l'espace P s'agrandit; une valve V laisse librement entrer l'air en le débarrassant de ses poussières.

Malgré le soin apporté à la fabrication, il y a toujours des fuites de liquide. Un bouchon permet d'introduire, à l'aide d'une pompe spéciale, une quantité convenable de liquide, et un petit index, appelé « jauge », indique si la quantité de liquide est suffisante ou non.

Cette opération s'appelle « parer le frein ». On peut également introduire de l'air à haute pression dans le cylindre C.

Il est à remarquer qu'à la fin du recul, le galet n° 1, qui est attaché au tube, est en dehors du chemin de roulement; le galet n° 2 se trouve encore sur le chemin de roulement et, le canon étant en porte-à-faux, il est nécessaire qu'un troisième galet vienne se placer sur le chemin de roulement : c'est le « galet de bouche », qui doit agir en sens inverse des deux premiers; on a donc disposé des « chemins de roulement supérieurs ».

Il y a donc quatre chemins de roulement disposés suivant le dessin de la figure 62, deux de part et d'autre du canon.

Il est à remarquer également qu'à la fin du recul, la vis de pointage et le secteur denté du berceau supportent une grande partie du poids du canon.

Pendant la route, le canon repose sur le frein par l'intermédiaire des « plans inclinés », pour éviter toute usure et tout matage des galets.

Frein et récupérateur des canons des établissements Schneider, du Creusot.

Dans ces canons, le frein et le récupérateur sont séparés; leurs cylindres sont venus de fonte avec le traîneau, de sorte qu'au moment du recul du tube, les cylindres de frein et de récupérateur sont entraînés dans le mouvement.

Les deux tiges de frein et de récupérateur sont fixées après le châssis au moment du verrouillage.

RÉCUPÉRATEUR.

Le récupérateur comprend un cylindre communiquant avec deux réservoirs; chacun des réservoirs a un volume d'environ 25 litres et la pression de l'air dans le récupérateur est de 31 kilogrammes par centimètre carré. Un système de pompe et de manomètre amovibles permet, si la pression vient à baisser à cause des fuites inévitables, d'ajouter du liquide si le volume de celui-ci est insuffisant et du gaz comprimé (emploi de la jauge-purgeur).

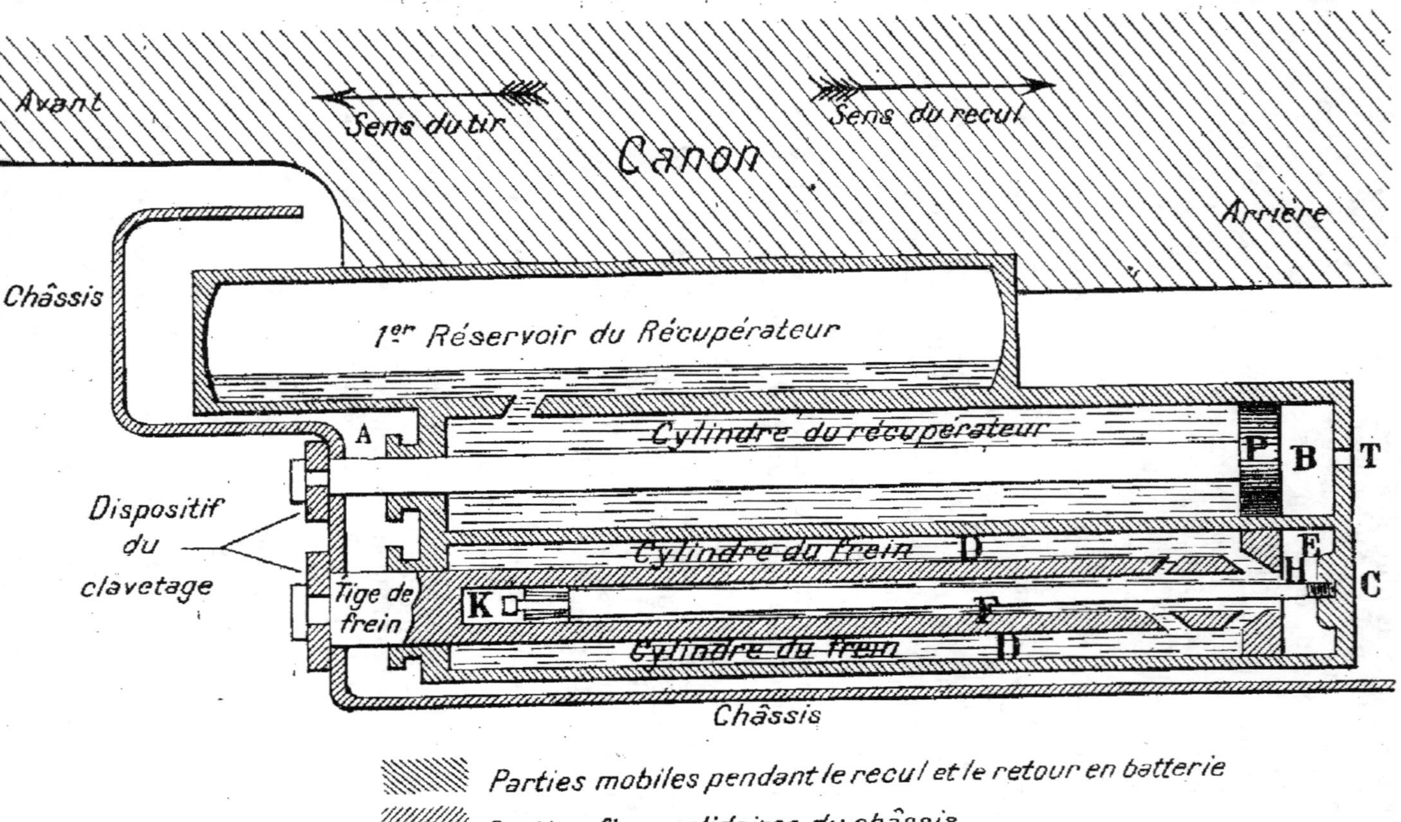

Avant
Sens du tir
Sens du recul
Canon
Arrière
Châssis
1er Réservoir du Récupérateur
Cylindre du récupérateur
A
P B T
Dispositif du clavetage
Cylindre du frein
D
F H C
Tige de frein
K
F
Cylindre du frein
D
Châssis
Fig. 63.
Parties mobiles pendant le recul et le retour en batterie
Parties fixes solidaires du châssis
Frein et récupérateur des usines Schneider au Creusot.

Au piston P et à la garniture A peuvent se produire des fuites. Pour réduire celles-ci au minimum, on a agencé un système très étudié de garnitures. En principe, elles sont formées d'une composition spéciale (dermatine) serrée par des ressorts à boudins et assurant, non seulement l'étanchéité, mais encore la lubrification automatique.

Le règlement de 155 C. (entretien du matériel) donne, à la figure 13, le détail complet des joints de ces garnitures. Quand la pièce recule, l'espace B grandit. Pour éviter toute raréfaction d'air, on a disposé en T un petit trou qui en laisse entrer librement; de même, quand la pièce revient en batterie, l'air contenu dans l'intervalle B s'échappe facilement.

Remarque. — Le récupérateur ne fait en aucune façon office de frein modérateur au retour en batterie, puisqu'il ne comporte pas d'orifice étroit. A la fin du retour en batterie, le tube reviendrait en grande vitesse à sa position; le choc serait considérable et la pièce mise rapidement hors de service.

FREIN.

Le cylindre de frein est venu de fonte avec celui du récupérateur et ses réservoirs. La tige du piston de frein, qui se verrouille au traîneau, est creuse (en forme de tube).

La plaque du fond C du cylindre de frein porte un trou fileté dans lequel se fixe à demeure la contre-tige du frein, de diamètre variable et se logeant à l'intérieur de la tige de frein, dont elle traverse le piston. La contre-tige porte, à sa partie avant, une portion cylindrique terminée par un renflement.

Sur cette partie cylindrique peut coulisser librement une soupape percée de quatre canaux dans le sens de sa longueur. Lorsqu'elle touche, vers l'arrière, l'embase de la contre-tige, l'orifice des canaux est bouché.

La tige du frein est percée de trous faisant communiquer l'espace D avec l'espace E, et l'espace annulaire F, compris entre la tige et la contre-tige. Tout l'espace vide du frein est rempli de liquide.

FONCTIONNEMENT.

Au moment du départ du coup, le cylindre et la contre-tige reculent. L'espace D diminue et, comme il est rempli de liquide et que les liquides sont incompressibles, celui-ci vient passer de D en E.

L'espace annulaire H entre le piston et la contre-tige va sans cesse en diminuant, et, à mesure que la pièce recule, le freinage dû au frottement du liquide dans l'espace annulaire va en augmentant. Cet espace fait donc office d'orifice à ouverture variable; le freinage est progressif et le tube s'arrête peu à peu.

Pendant ce temps, la soupape est, par inertie, restée en place. Au début du mouvement, les canaux se découvrent et une partie du liquide F vient passer en K; à la fin du mouvement, l'espace K est également rempli de liquide.

L'air du récupérateur, étant très comprimé, se détend; la pièce revient en batterie. Comme l'espace H est petit, le liquide devant le traverser, le mouvement est lent au début. Ce mouvement irait toujours en s'accélérant, parce que l'espace H grandit sans cesse, et un choc considérable se produirait à la fin.

Mais la soupape a, par inertie, repris sa position d'appui, et le liquide qui est en K doit, pour repasser en F, suinter dans l'espace annulaire existant entre la soupape et la tige. Cette soupape a été en effet imparfaitement rodée. Pour que le mouvement de retour en batterie se termine doucement, la tige creuse de frein a, dans sa partie avant, un diamètre légèrement inférieur à celui qui règne sur toute sa longueur, de sorte qu'à la fin du mouvement le freinage est de plus en plus énergique.

Le mouvement de retour en batterie est ainsi maîtrisé et se fait avec beaucoup de douceur.

En résumé, l'intervalle H constitue le freinage de recul, et la soupape, quand elle est appliquée sur son siège, constitue l'élément de freinage de retour en batterie.

CHAPITRE XIII.

Emploi des instruments mis à la disposition des batteries pour la préparation du tir.

Lunette de batterie.

La description de la lunette de batterie est faite dans les différents règlements. Nous retiendrons la figure schématique ci-dessous.

La lunette sert à mesurer les écarts angulaires dans le sens de la graduation. Nous étendrons à la lunette la notion de sens caractéristique vue pour les appareils de pointage et nous dirons que, dans ce cas, la graduation étant fixe, ce sens caractéristique est celui de la graduation. Ceci nous servira à définir le sens des angles mesurés avec la lunette.

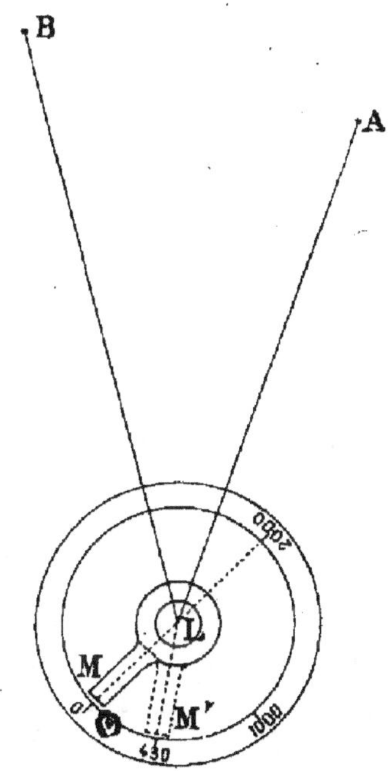

Fig. 64.

Supposons que nous avons à mesurer l'écart angulaire entre les points A et B. Nous dirigerons la lunette sur le point A, en arrêtant le trait vertical du réticule sur ce point. Nous amènerons à la main l'index mobile M vis-à-vis de la position O, qui occupe, par rapport à la ligne L A, une position absolument quel-

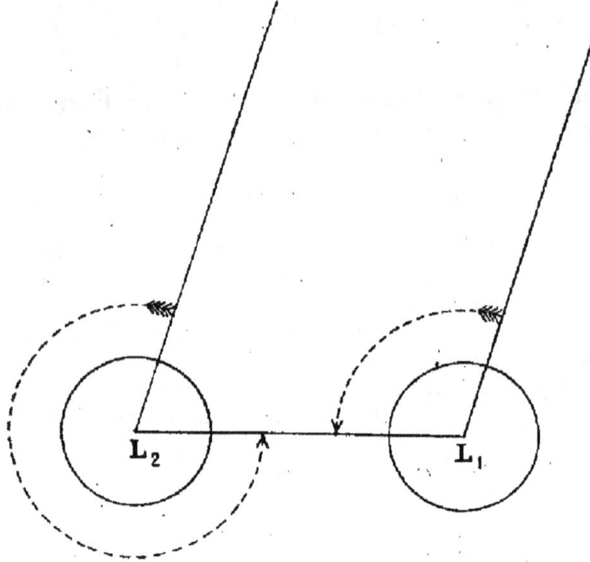

FIG. 65.

conque. Quand nous viserons le deuxième point B, la lunette, en tournant, entraînera le repère M qui viendra

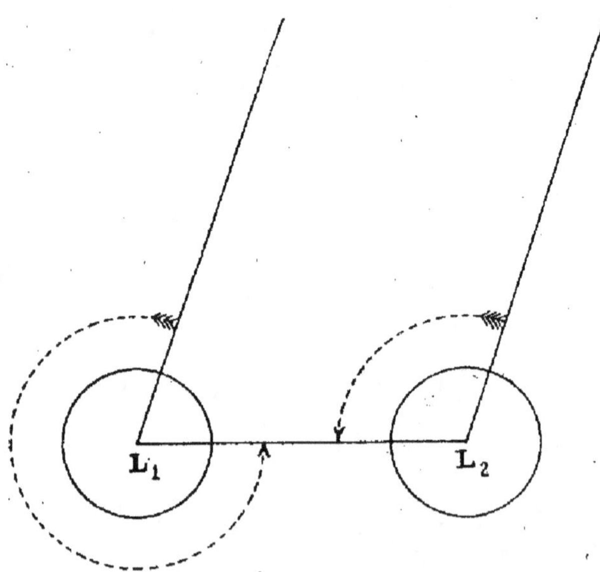

FIG. 66.

occuper une position M′, de telle façon que l'angle A L B égale l'angle M L M′. Le nombre qui se trouve sur la graduation fixe vis-à-vis de la position M' donne la valeur de l'angle à mesurer, comptée dans le sens caractéristique.

Tout se passe donc comme si la ligne 0 — 2.000 (dans le cas d'une lunette de siège) était dans la direction du premier point A. La lunette de batterie permet de résoudre les problèmes suivants :

PREMIER PROBLÈME.

1° *Rendre deux lunettes parallèles.*

On dit que deux lunettes sont parallèles lorsque les index marquent le même nombre quand les lunettes sont parallèles.

A) *La lunette directrice est à droite.* — D'après ce que nous avons dit, tout se passe comme si la ligne 0 — 2.000 était dirigée sur le point visé.

La première lunette étant mise en direction, après avoir mis l'index à zéro, on vise la deuxième lunette. La valeur de l'angle, comptée dans le sens caractéristique, est marquée par la flèche et nous la lisons sur l'index de L_1. Pour que la lunette L_2 soit parallèle à L_1, il faut pointer cette lunette sur L_1 avec une dérive égale à l'angle marqué (*fig.* 65).

Remarquons que ce deuxième angle est égal au premier augmenté de 2.000.

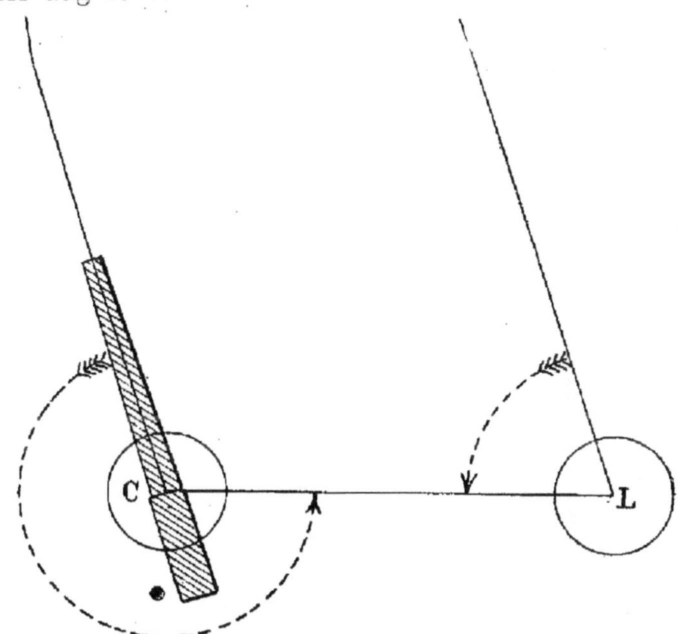

FIG. 67.

B) *La lunette directrice est à gauche.* — La figure 66 montre que tout se passe de la même façon; mais, au

lieu d'ajouter 2.000 décigrades, il convient de les retrancher. On est conduit à exprimer la règle suivante
qui embrasse les deux cas :

RÈGLE. — 1° Pointer la première lunette sur le point
donnant la direction; mettre l'index à zéro.

2° Pointer sur L_2, seconde lunette;

3° Lire le nombre marqué par l'index. Si ce nombre
est inférieur à 2.000, y ajouter 2.000; s'il est supérieur
à 2.000, en retrancher 2.000;

4° Pointer L_2 sur L ;

5° Mettre l'index au nombre calculé à 3°;

6° En tournant la lunette pour ramener l'index à
zéro, le parallélisme est réalisé.

DEUXIÈME PROBLÈME.

Rendre une pièce de siège, utilisant le goniomètre,
parallèle à la lunette de batterie.

On voit que le problème est identique au premier et
que la règle à suivre est la même (*fig.* 67).

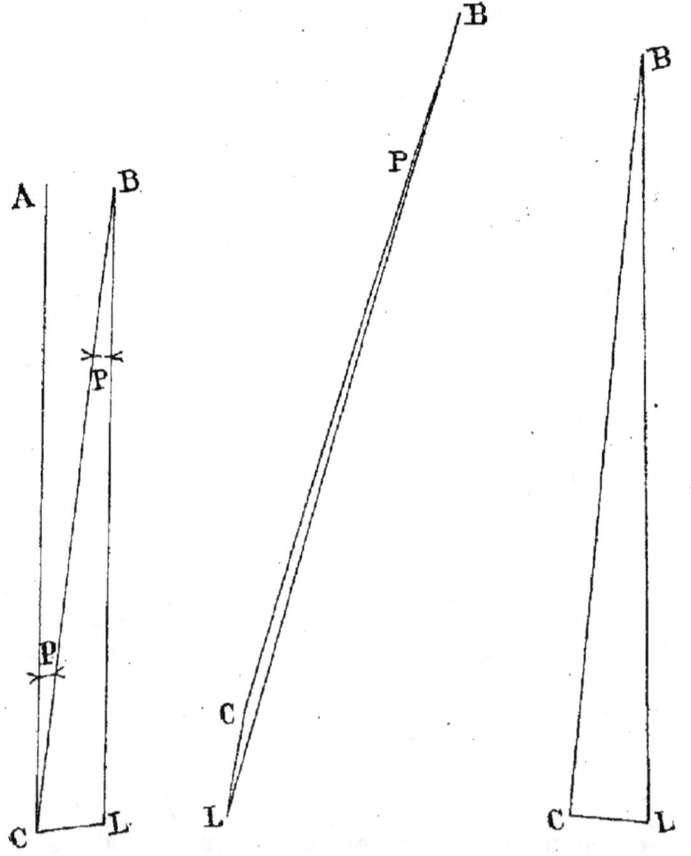

F.G. 68.   FIG. 69.   FIG. 70.

PARALLAXE.

Les problèmes vus précédemment ne tiennent compte que du parallélisme, et, en particulier,, si on a à pointer un canon C sur un but B, il sera nécessaire de corriger la direction de l'angle A C B.

Définition. — On appelle *parallaxe* d'une ligne C L, par rapport à un point B, l'angle sous lequel, de B, on voit C L.

La correction A C B, envisagée précédemment, est égale à la parallaxe et le problème revient à la calculer. (Voir p. 8, *fig.* 6.)

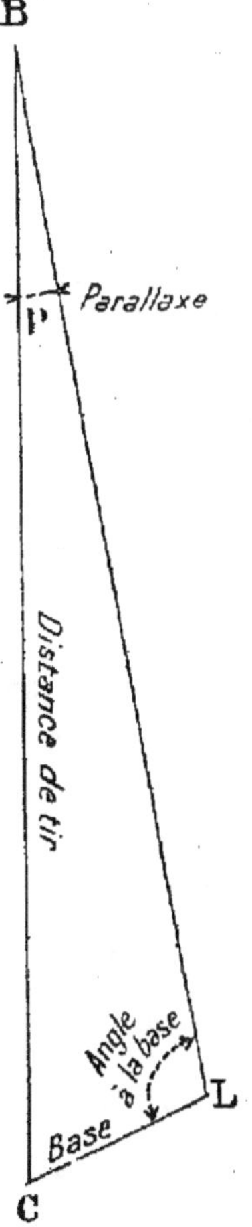

Fig. 71.

Si la ligne C L est à peu près dans le prolongement de la ligne C B, la parallaxe P est sensiblement nulle. Si la ligne C L est sensiblement perpendiculaire à la ligne C B, ou à la ligne L B, la valeur de la parallaxe est donnée en décigrades par la formule :

$$\frac{CL\ \text{mètres}}{1,5 \times LB\ \text{kil.}} = P.$$

Les deux cas précédents sont des cas extrêmes; en général, la ligne C L est de direction quelconque, par rapport à C B. On envisage alors le triangle B L C, dans lequel on suppose connus trois éléments :

1° La longueur L C appelée « base »;

2° L'angle B L C, dit « angle à la base »;

3° La distance de tir C B, appelée « distance ».

Calcul de la base. — Ce calcul se fait soit au pas, soit au décamètre, soit, le plus généralement par télémétrie stadimétrique.

Calcul de l'angle à la base. — On fait une visée sur B et une seconde sur C, du point L.

Calcul de la distance du tir. — Au moyen, soit de la carte, soit d'une mesure télémétrique, soit d'un renseignement quelconque (tir d'une précédente batterie).

On démontre, en trigonométrie, que quand on connaît trois éléments d'un triangle, dont un côté, on peut connaître chacun des trois autres. Ici, nous pourrons, en particulier, connaître P.

Au moyen de formules trop compliquées pour être appliquées sur le terrain, on pourrait tirer la valeur de P.

$$\frac{\sin P}{\text{Base}} = \frac{\sin \text{angle à la base}}{\text{Distance}},$$

d'où :

$$\sin P = \text{Base} \times \frac{\sin \text{angle à la base}}{\text{Distance}}.$$

Certains appareils calculent automatiquement l'angle P (rapporteur du colonel Rimailho).

Cette opération se fait avec une grande rapidité.

Théodolite du colonel Rimailho.

Cet instrument a été imaginé pour le canon de 155 C. T. R. mod. 1904.

Le Règlement en donne une description complète.

Remarquons :

1° Que le théodolite se prête à la mesure des angles dans les deux sens;

2° Que la graduation est divisée en deux secteurs;

3° Que la direction zéro-zéro du plateau supérieur, qui repère la direction du but, repère bien effectivement cette direction et n'a plus, comme dans la lunette de batterie, une direction quelconque.

Dès qu'une direction est repérée au moyen du plateau supérieur, la graduation peut être considérée comme fixe, et la lunette tourne avec le repère.

Pour mesurer l'écart angulaire entre les deux points A et B, opérer comme avec la lunette de batterie; mais, dans ce cas, c'est la graduation que l'on met à zéro.

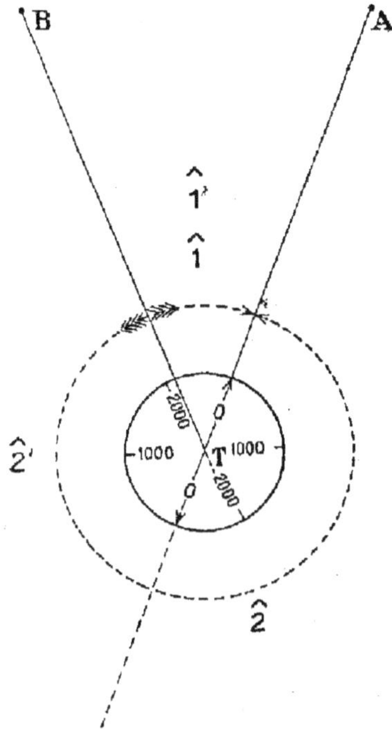

Fig. 72.

Sens direct. — L'angle A T B est donné par le repère « Direction ». S'il a une valeur supérieure à 3.000, l'apparcil retranche automatiquement ces 3.000.

Sens indirect. — On lira sur le repère « Surveillance ». L'appareil retranche également automatiquement 3.000.

Remarque. — La somme des nombres marqués par Direction et Surveillance est égale à 3.000.

En effet, les deux angles 1 et 2 sont mesurés par l'appareil qui leur assigne la même valeur qu'à 1' et 2', dont la somme est égale à 3.000.

Le théodolite du colonel Rimailho fait partie de l'armement des batteries de 105 long. Le théodolite de Rimailho permet de résoudre un nombre important de problèmes dont nous examinerons les principaux.

Mise en parallèle de deux théodolites.

Façon de procéder identique à celle que nous avons étudiée pour la lunette de batterie, mais la division en

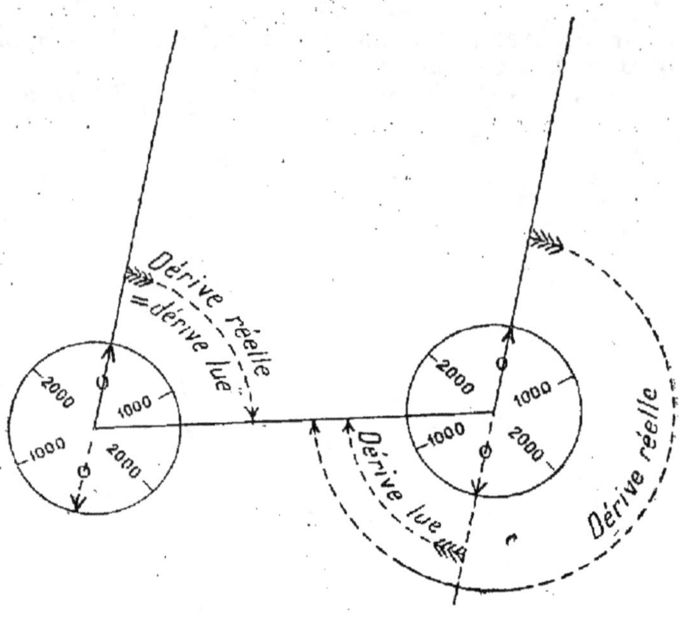

Fig. 73.

deux secteurs de 3.000 dispense de faire la correction.
On annonce donc au second théodolite le nombre lu
sur le premier.

Mise en direction de pièces à l'aide d'un théodolite Rimailho.

a) *Canon de 155 C. T. R. et 155 Saint-Chamond.*

Identique à la mise en parallèle de deux théodolites.

b) *Pièces à goniomètre de siège.*

Règle. — Pointer sur le but, mettre les plateaux à
zéro; pointer sur le goniomètre, lire le nombre marqué
par « Surveillance »; le convertir en décigrades.
Si le canon est à gauche, ajouter 2.000; s'il est à
droite, n'y rien ajouter.
Annoncer le nombre ainsi trouvé au pointeur.

c) *Canon de 105 long.*

Règle. — Pointer sur le but, puis sur la lunette,
après avoir mis les plateaux à zéro.
Si le canon est à gauche, annoncer le nombre lu sur
« Surveillance », sans correction; s'il est à droite, y
ajouter 3.000.

d) *Canon de 155 C. Schneider.*

Règle. — Pointer sur le but, puis sur le canon, après

avoir mis les plateaux à zéro; transformer le nombre lu sur « Direction » en millièmes de 75, y ajouter 1.000 et annoncer à la pièce le nombre ainsi trouvé.

Emploi de l'aiguille magnétique dans le théodolite Rimailho.

REMARQUE IMPORTANTE. — Quand l'aiguille est pointée vers le nord magnétique, la lunette est pointée vers l'est magnétique. Le repère « Direction » jalonne une direction parallèle à celle de la lunette (est magnétique).

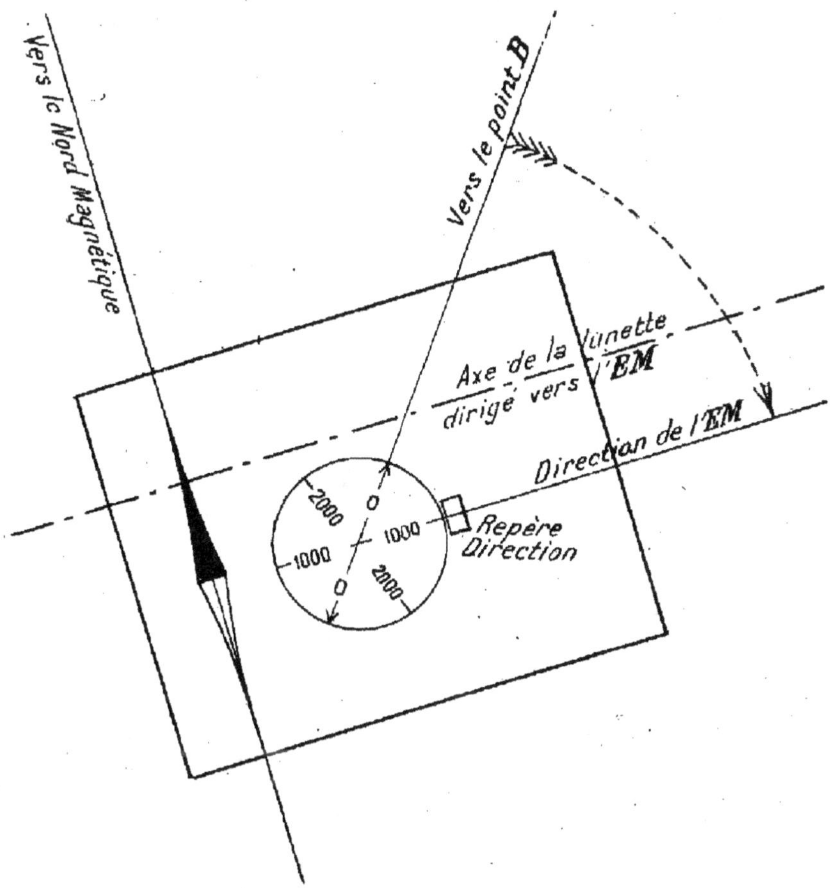

FIG. 74.

Si la lunette a été préalablement pointée dans une direction B, la ligne des O repérant cette direction, le nombre lu après le pointage magnétique sera en grandeur et en sens l'angle marqué, c'est-à-dire l'angle formé par la direction du point visé et l'est magnétique.

Cette dérive est une véritable dérive de repérage sur l'est magnétique.

En conséquence, pour connaître l'angle formé par une direction donnée et l'est magnétique, il faut :

Pointer le théodolite sur le point indiqué; mettre les plateaux à zéro; pointer l'aiguille magnétique et lire le nombre marqué, soit sur « Direction », soit sur « Surveillance », suivant que la dérive doit être lue dans un sens ou dans l'autre.

PROBLÈME INVERSE.

Connaissant l'angle formé par une direction et l'est magnétique, ainsi que le sens dans lequel on compte cet angle, trouver, avec le théodolite, cette direction sur le terrain.

La règle à appliquer est la suivante :

Pointer le théodolite avec l'aiguille magnétique; faire marquer par « Direction » ou « Surveillance », suivant le cas, la dérive de repérage imposée. La ligne des zéros se trouve dans la direction cherchée.

REMARQUE. — L'appareil étant gradué en deux secteurs, on trouve deux directions diamétralement opposées.

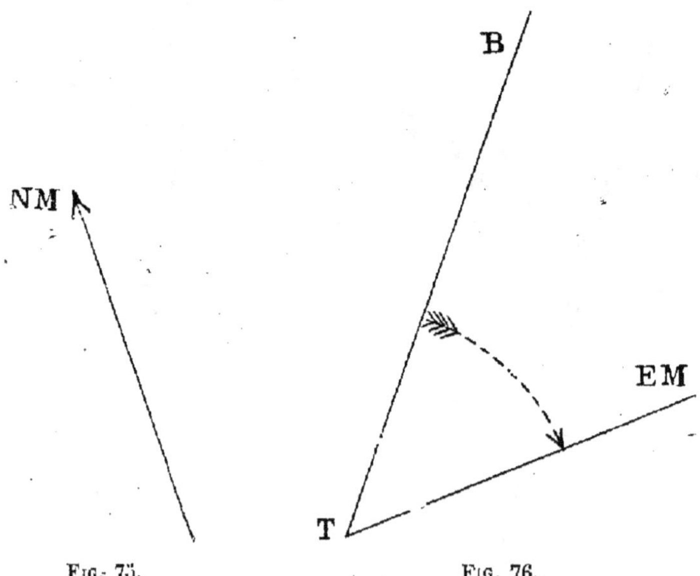

FIG. 75.   FIG. 76.

Si la dérive imposée dépasse 3.000, il faut évidemment la diminuer de 3.000.

Sur une carte, on trouvera la dérive de repérage par rapport à l'est magnétique en traçant, par le point T de stationnement reporté sur la carte, une perpendiculaire à la direction du nord magnétique, dirigée vers l'est; avec le rapporteur, on mesure l'angle B T E compté dans le sens adopté. Si le nombre trouvé dépasse 3.000, le diminuer de 3.000, comme l'indique le deuxième cas de la figure.

PROBLÈME.

Rendre parallèles deux théodolites qui ne peuvent se viser réciproquement.

On repère le premier théodolite sur l'est magnétique; on annonce la dérive trouvée au second qui, en pointant à son tour sur l'est magnétique avec la dérive annoncée, a sa ligne des zéros parallèle au premier.

Le théodolite étant mis en direction par une des méthodes précédentes, il suffit, pour mettre le canon lui-même en direction, de faire un pointage réciproque entre celui-ci et le théodolite. On éliminera la parallaxe, soit en se plaçant dans l'axe de la direction considérée, soit en se plaçant le plus près possible du canon (mais au moins à 50 mètres pour la justesse du pointage). Le rapporteur de Rimailho permet de trouver la dérive d'une direction par rapport à l'est magnétique.

Cette méthode, que le règlement de 155 C. T. R. traite complètement, sera employée dans le cas où la carte dont on dispose ne comporte pas la direction du nord magnétique, et quand on ne connaît pas avec précision la valeur de la déclinaison.

**Calcul de l'angle de site S à annoncer à la pièce,
dans le cas où on ne peut mesurer directement cet angle.**

Notation. — Nous appellerons :
s l'angle de site du but par rapport à l'observatoire;
S l'angle de site du but par rapport à la pièce;
H la différence de niveau, exprimée en mètres, entre l'observatoire et le canon;

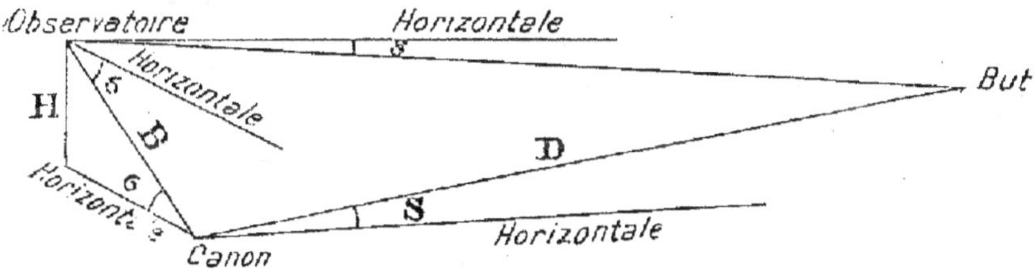

Fig. 77.

D la distance canon-but, exprimée en kilomètres.

Le théodolite permet de mesurer l'angle s (mesure précise ou mesure approximative). On emploiera, pour connaître S, la formule :

$$S = \pm s \pm \frac{H}{D}$$

dans laquelle on prend s avec son signe et $\dfrac{H}{D}$ avec le signe $+$ si l'observatoire est à un niveau plus élevé que le canon, avec le signe $-$ dans le cas contraire :

Ex. : $s = -15$, $H = 50$ m., $D = 5$ kil.

$\dfrac{O}{C}$ (observatoire plus élevé que le canon).

On trouve pour S :

$$S = -15 + \frac{50}{5} = -15 + 10 = -5.$$

Cette formule peut être démontrée aisément; elle est générale, mais ne doit être appliquée que dans les cas où la distance canon-but ne diffère pas trop de la distance observatoire-but.

Calcul de la différence H de niveau.

Cette différence de niveau peut, ou bien s'évaluer, ou bien se calculer exactement par la formule :

$$H = \sigma \times B$$

dans laquelle :

σ est l'angle de site du canon par rapport à l'observatoire, en millièmes;

B la distance théodolite-canon ou base évaluée en kilomètres :

Ex. : $\sigma = 20$ millièmes, $B = 0$ kil. 5.

$$H = 20 \times 0,5 = 10 \text{ mètres.}$$

Carton de tir.

Toutes les opérations de mise en direction, de mesures d'angles, etc., que nous avons vues précédemment, ont besoin d'être coordonnées pour leur application sur le terrain.

C'est pourquoi il est utile de faire usage d'un carton de préparation de tir, qui portera en caractères imprimés les inscriptions communes à toutes les opérations de préparation, et au crayon celles qui sont particulières à chaque opération.

CANON DE 105 LONG.

Préparation du tir.

OPÉRATIONS.

1° Mettre le théodolite en station (serrer énergiquement les vis).	
2° Pointer sur le point choisi du but.	
3° Mettre les plateaux à 0.	
4° Lire l'angle de site S.	$S =$
5° Viser l'appareil de pointage de la pièce (lire le nombre sur « Surveillance »).	$A =$
6° Lire l'angle de site σ.	$\sigma =$
7° Mesure de la base.	Stadia de 1 m. 70 $B =$ kil.
8° Mesure de H.	$H = \sigma \times B^k =$ mètres.
9° Inscrire la distance de tir.	$D =$ kilomètres.
10° Calculer la parallaxe (rapporteur).	$P =$ millièmes.
11° Calcul de la dérive.	Dérive $= A$ ($+ 3.000$ si canon à droite). $+ P$ (canon à gauche) — dérivation. $- P$ (canon à droite). $\pm$ correction de vent latéral.
12° Calcul de la hausse. Distance. 　Angle de site et correction. Tenir compte de la température et de la pression, du vent longitudinal, du poids de l'obus, de la fusée, du lot de poudre.	$S = \pm s \pm \dfrac{H}{D}$
13° Repérer la direction observatoire-but, par rapport au nord magnétique, sur « Surveillance ».	$N =$

L'exemple de carton de tir donné ci-contre, relatif au canon de 105 long, permet de faire avec rapidité une préparation de tir à l'aide d'un théodolite Rimailho dans la guerre de mouvement.

Autres appareils employés en artillerie lourde.

Les batteries lourdes de campagne emploient actuellement, ou le théodolite Rimailho, ou des lunettes ou théodolites spéciaux : théodolites de Morin, lunettes monoculaires à triple grossissement, lunettes périscopiques à ciseaux.

La description et l'emploi de ces appareils sont donnés dans des ouvrages spéciaux accompagnant ces instruments. Certains portent des graduations multiples en différentes unités et en différents sens (lunettes à ciseaux); d'autres sont gradués différemment, suivant les batteries auxquelles ils sont destinés : ainsi, il existe des théodolites de Morin gradués en décigrades, d'autres en millièmes.

La connaissance complète de la lunette de batterie et du théodolite de Rimailho suffisent pour l'utilisation intelligente de tous ces appareils.

TABLE DES MATIÈRES.

CHAPITRE Iᵉʳ.

RAPPEL DE QUELQUES NOTIONS GÉOMÉTRIQUES.

CHAPITRE II.

UNITÉS D'ANGLE EMPLOYÉES EN ARTILLERIE LOURDE.

CHAPITRE III.

POINTAGE DES PIÈCES DANS L'ANCIENNE ARTILLERIE . 14

CHAPITRE IV.

TIR INDIRECT DE L'ARTILLERIE MODERNE....... 18

CHAPITRE V.

CHAPITRE VI.

PROPRIÉTÉS DU MILLIÈME.

CHAPITRE VII.

POINTAGE EN HAUTEUR 41

CHAPITRE VIII.

DE L'ANGLE DE SITE 54

CHAPITRE IX.

DÉRIVATION 58

CHAPITRE X.

MOYENS EMPLOYÉS POUR RÉALISER PRATIQUEMENT
LE POINTAGE EN DIRECTION........... 60

CHAPITRE XI.

CHAPITRE XII.

FREINS ET RÉCUPÉRATEURS.

CHAPITRE XIII.

EMPLOI DES INSTRUMENTS MIS A LA DISPOSITION DES BATTERIES POUR LA PRÉPARATION DU TIR.

PARIS ET LIMOGES. — IMPRIMERIE MILITAIRE CHARLES-LAVAUZELLE.

BIBLIOTHEQUE NATIONALE DE FRANCE
3 7502 013045721